구약7

사무엘상 | 사무엘하

1,2 Samuel

의 손글씨

시작한 날 . . .

마친 날 . . .

MISSION TORCH

성경읽기표 | Bible Writing Plan

구약(년 월 일부터 년 월 일까지)

모세오경

책																								
창 세 기	1	2	3	4	5	6	7	8	9	10	11	12	13	14	15	16	17	18	19	20	21	22	23	24
	25	26	27	28	29	30	31	32	33	34	35	36	37	38	39	40	41	42	43	44	45	46	47	48
	49	50																						
출 애 굽 기	1	2	3	4	5	6	7	8	9	10	11	12	13	14	15	16	17	18	19	20	21	22	23	24
	25	26	27	28	29	30	31	32	33	34	35	36	37	38	39	40								
레 위 기	1	2	3	4	5	6	7	8	9	10	11	12	13	14	15	16	17	18	19	20	21	22	23	24
	25	26	27																					
민 수 기	1	2	3	4	5	6	7	8	9	10	11	12	13	14	15	16	17	18	19	20	21	22	23	24
	25	26	27	28	29	30	31	32	33	34	35	36												
신 명 기	1	2	3	4	5	6	7	8	9	10	11	12	13	14	15	16	17	18	19	20	21	22	23	24
	25	26	27	28	29	30	31	32	33	34														

역사서

책																								
여 호 수 아	1	2	3	4	5	6	7	8	9	10	11	12	13	14	15	16	17	18	19	20	21	22	23	24
사 사 기	1	2	3	4	5	6	7	8	9	10	11	12	13	14	15	16	17	18	19	20	21			
룻 기	1	2	3	4																				
사 무 엘 상	1	2	3	4	5	6	7	8	9	10	11	12	13	14	15	16	17	18	19	20	21	22	23	24
	25	26	27	28	29	30	31																	
사 무 엘 하	1	2	3	4	5	6	7	8	9	10	11	12	13	14	15	16	17	18	19	20	21	22	23	24
열 왕 기 상	1	2	3	4	5	6	7	8	9	10	11	12	13	14	15	16	17	18	19	20	21	22		
열 왕 기 하	1	2	3	4	5	6	7	8	9	10	11	12	13	14	15	16	17	18	19	20	21	22	23	24
	25																							
역 대 상	1	2	3	4	5	6	7	8	9	10	11	12	13	14	15	16	17	18	19	20	21	22	23	24
	25	26	27	28	29																			
역 대 하	1	2	3	4	5	6	7	8	9	10	11	12	13	14	15	16	17	18	19	20	21	22	23	24
	25	26	27	28	29	30	31	32	33	34	35	36												
에 스 라	1	2	3	4	5	6	7	8	9	10														
느 헤 미 야	1	2	3	4	5	6	7	8	9	10	11	12	13											
에 스 더	1	2	3	4	5	6	7	8	9	10														

시가서

책																								
욥 기	1	2	3	4	5	6	7	8	9	10	11	12	13	14	15	16	17	18	19	20	21	22	23	24
	25	26	27	28	29	30	31	32	33	34	35	36	37	38	39	40	41	42						
시 편	1	2	3	4	5	6	7	8	9	10	11	12	13	14	15	16	17	18	19	20	21	22	23	24
	25	26	27	28	29	30	31	32	33	34	35	36	37	38	39	40	41	42	43	44	45	46	47	48
	49	50	51	52	53	54	55	56	57	58	59	60	61	62	63	64	65	66	67	68	69	70	71	72
	73	74	75	76	77	78	79	80	81	82	83	84	85	86	87	88	89	90	91	92	93	94	95	96
	97	98	99	100	101	102	103	104	105	106	107	108	109	110	111	112	113	114	115	116	117	118	119	120
	121	122	123	124	125	126	127	128	129	130	131	132	133	134	135	136	137	138	139	140	141	142	143	144
	145	146	147	148	149	150																		
잠 언	1	2	3	4	5	6	7	8	9	10	11	12	13	14	15	16	17	18	19	20	21	22	23	24
	25	26	27	28	29	30	31																	
전 도 서	1	2	3	4	5	6	7	8	9	10	11	12												
아 가	1	2	3	4	5	6	7	8																

선지서

책																								
이 사 야	1	2	3	4	5	6	7	8	9	10	11	12	13	14	15	16	17	18	19	20	21	22	23	24
	25	26	27	28	29	30	31	32	33	34	35	36	37	38	39	40	41	42	43	44	45	46	47	48
	49	50	51	52	53	54	55	56	57	58	59	60	61	62	63	64	65	66						

예레미야	1	2	3	4	5	6	7	8	9	10	11	12	13	14	15	16	17	18	19	20	21	22	23	24
	25	26	27	28	29	30	31	32	33	34	35	36	37	38	39	40	41	42	43	44	45	46	47	48
	49	50	51	52																				
예레미야애가	1	2	3	4	5																			
에스겔	1	2	3	4	5	6	7	8	9	10	11	12	13	14	15	16	17	18	19	20	21	22	23	24
	25	26	27	28	29	30	31	32	33	34	35	36	37	38	39	40	41	42	43	44	45	46	47	48
다니엘	1	2	3	4	5	6	7	8	9	10	11	12												
호세아	1	2	3	4	5	6	7	8	9	10	11	12	13	14										
요엘	1	2	3																					
아모스	1	2	3	4	5	6	7	8	9															
오바댜	1																							
요나	1	2	3	4																				
미가	1	2	3	4	5	6	7																	
나훔	1	2	3																					
하박국	1	2	3																					
스바냐	1	2	3																					
학개	1	2																						
스가랴	1	2	3	4	5	6	7	8	9	10	11	12	13	14										
말라기	1	2	3	4																				

신약 (년   월   일부터   년   월   일까지)

복음, 역사서

마태복음	1	2	3	4	5	6	7	8	9	10	11	12	13	14	15	16	17	18	19	20	21	22	23	24
	25	26	27	28																				
마가복음	1	2	3	4	5	6	7	8	9	10	11	12	13	14	15	16								
누가복음	1	2	3	4	5	6	7	8	9	10	11	12	13	14	15	16	17	18	19	20	21	22	23	24
요한복음	1	2	3	4	5	6	7	8	9	10	11	12	13	14	15	16	17	18	19	20	21			
사도행전	1	2	3	4	5	6	7	8	9	10	11	12	13	14	15	16	17	18	19	20	21	22	23	24
	25	26	27	28																				

서신서

로마서	1	2	3	4	5	6	7	8	9	10	11	12	13	14	15	16								
고린도전서	1	2	3	4	5	6	7	8	9	10	11	12	13	14	15	16								
고린도후서	1	2	3	4	5	6	7	8	9	10	11	12	13											
갈라디아서	1	2	3	4	5	6																		
에베소서	1	2	3	4	5	6																		
빌립보서	1	2	3	4																				
골로새서	1	2	3	4																				
데살로니가전서	1	2	3	4	5																			
데살로니가후서	1	2	3																					
디모데전서	1	2	3	4	5	6																		
디모데후서	1	2	3	4																				
디도서	1	2	3																					
빌레몬서	1																							
히브리서	1	2	3	4	5	6	7	8	9	10	11	12	13											
야고보서	1	2	3	4	5																			
베드로전서	1	2	3	4	5																			
베드로후서	1	2	3																					
요한일서	1	2	3	4	5																			
요한이서	1																							
요한삼서	1																							
유다서	1																							

예언서

요한계시록	1	2	3	4	5	6	7	8	9	10	11	12	13	14	15	16	17	18	19	20	21	22		

▶ 공동체 성경쓰기 운동_ 써바이블

"써(Write) 바이블(Bible)"은 공동체 성경쓰기의 타이틀로, 우리의 생존(Survival)에 성경이 가장 소중하다는 의미를 담고 있으며, 가장 기본인 말씀으로 돌아가기를 시작하자는 손글씨성경쓰기 운동입니다.

손글씨 성경_ 읽고, 쓰고, 마음판에 새기다

기독교는 말씀의 종교라고 합니다. 그것은 하나님께서 주신 '말씀'(성경)으로부터 모든 역사를 이루어 왔기 때문입니다. 따라서 모든 그리스도인들은 하나님께서 주신 말씀을 읽고, 묵상하고, 다시 적용하는 '신앙인의 삶'을 가장 우선순위에 둡니다. 말씀을 읽지 않고 하나님을 예배할 수 없고, 말씀을 묵상하지 않고 하나님의 계획을 알 수 없고, 말씀을 적용하지 않고 성화될 수 없기 때문입니다. 성경을 읽고 마음판에 새기기 위하여 쓰기의 중요성과 필요성은 아무리 강조해도 지나치지 않습니다.

▶ 성경읽기와 쓰기의 중요성과 필요성

① 성경은 하나님의 말씀이며 하나님의 계획을 담고 있기에, 읽고 쓰고 마음판에 새겨야 합니다.
② 성경은 우리를 향한 하나님의 사랑의 표현이기 때문에, 읽고 쓰고 마음판에 새겨야 합니다.
③ 성경은 우리를 구속하기 위한 하나님의 은혜이기 때문에, 읽고 쓰고 마음판에 새겨야 합니다.
④ 성경은 우리를 진리로 인도하기 때문에, 읽고 쓰고 마음판에 새겨야 합니다.
⑤ 성경을 읽고 쓰는 것은 모든 그리스도인들에게 선택이 아닌 필수입니다.

"이 율법책을 네 입에서 떠나지 말게 하며
주야로 그것을 묵상하여 그 안에 기록된 대로 다 지켜 행하라
그리하면 네 길이 평탄하게 될 것이며 네가 형통하리라"
(수 1:8)

손글씨 성경

사무엘상 1 Samuel

엘가나의 실로 순례

1 에브라임 산지 라마다임소빔에 에브라
임 사람 엘가나라 하는 사람이 있었으
니 그는 여로함의 아들이요 엘리후의 손
자요 도후의 증손이요 숩의 현손이더라
2 그에게 두 아내가 있었으니 한 사람의
이름은 한나요 한 사람의 이름은 브닌나
라 브닌나에게는 자식이 있고 한나에게
는 자식이 없었더라
3 이 사람이 매년 자기 성읍에서 나와
서 실로에 올라가서 만군의 여호와께 예
배하며 제사를 드렸는데 엘리의 두 아들
홉니와 비느하스가 여호와의 제사장으로
거기에 있었더라
4 엘가나가 제사를 드리는 날에는 제물
의 분깃을 그의 아내 브닌나와 그의 모든
자녀에게 주고
5 한나에게는 갑절을 주니 이는 그를 사
랑함이라 그러나 여호와께서 그에게 임
신하지 못하게 하시니
6 여호와께서 그에게 임신하지 못하게
하시므로 그의 적수인 브닌나가 그를 심
히 격분하게 하여 괴롭게 하더라
7 매년 한나가 여호와의 집에 올라갈 때
마다 남편이 그같이 하매 브닌나가 그를
격분시키므로 그가 울고 먹지 아니하니
8 그의 남편 엘가나가 그에게 이르되 한

엘가나의 실로 순례

1

2

3

4

5

6

7

8

나여 어찌하여 울며 어찌하여 먹지 아니
하며 어찌하여 그대의 마음이 슬프냐 내
가 그대에게 열 아들보다 낫지 아니하냐
하니라

한나와 엘리

9 그들이 실로에서 먹고 마신 후에 한나
가 일어나니 그 때에 제사장 엘리는 여호
와의 전 문설주 곁 의자에 앉아 있었더라

10 한나가 마음이 괴로워서 여호와께 기
도하고 통곡하며

11 서원하여 이르되 만군의 여호와여 만
일 주의 여종의 고통을 돌보시고 나를 기
억하사 주의 여종을 잊지 아니하시고 주
의 여종에게 아들을 주시면 내가 그의 평
생에 그를 여호와께 드리고 삭도를 그의
머리에 대지 아니하겠나이다

12 그가 여호와 앞에 오래 기도하는 동안
에 엘리가 그의 입을 주목한즉

13 한나가 속으로 말하매 입술만 움직이
고 음성은 들리지 아니하므로 엘리는 그
가 취한 줄로 생각한지라

14 엘리가 그에게 이르되 네가 언제까지
취하여 있겠느냐 포도주를 끊으라 하니

15 한나가 대답하여 이르되 내 주여 그렇
지 아니하니이다 나는 마음이 슬픈 여자
라 포도주나 독주를 마신 것이 아니요 여
호와 앞에 내 심정을 통한 것뿐이오니

16 당신의 여종을 악한 여자로 여기지 마
옵소서 내가 지금까지 말한 것은 나의 원
통함과 격분됨이 많기 때문이니이다 하

한나와 엘리

9

10

11

12

13

14

15

16

는지라
17 엘리가 대답하여 이르되 평안히 가라
이스라엘의 하나님이 네가 기도하여 구
한 것을 허락하시기를 원하노라 하니
18 이르되 당신의 여종이 당신께 은혜 입
기를 원하나이다 하고 가서 먹고 얼굴에
다시는 근심 빛이 없더라

사무엘의 출생과 봉헌

19 그들이 아침에 일찍이 일어나 여호와
앞에 경배하고 돌아가 라마의 자기 집에
이르니라 엘가나가 그의 아내 한나와 동
침하매 여호와께서 그를 생각하신지라
20 한나가 임신하고 때가 이르매 아들을
낳아 사무엘이라 이름하였으니 이는 내
가 여호와께 그를 구하였다 함이더라
21 그 사람 엘가나와 그의 온 집이 여호
와께 매년제와 서원제를 드리러 올라갈
때에
22 오직 한나는 올라가지 아니하고 그의
남편에게 이르되 아이를 젖 떼거든 내가
그를 데리고 가서 여호와 앞에 뵙게 하고
거기에 영원히 있게 하리이다 하니
23 그의 남편 엘가나가 그에게 이르되 그
대의 소견에 좋은 대로 하여 그를 젖 떼기
까지 기다리라 오직 여호와께서 그의 말
씀대로 이루시기를 원하노라 하니라 이
에 그 여자가 그의 아들을 양육하며 그가
젖 떼기까지 기다리다가
24 젖을 뗀 후에 그를 데리고 올라갈새
수소 세 마리와 밀가루 한 에바와 포도주

17
18
사무엘의 출생과 봉헌
19
20
21
22
23
24

한 가죽부대를 가지고 실로 여호와의 집
에 나아갔는데 아이가 어리더라

25 그들이 수소를 잡고 아이를 데리고 엘
리에게 가서

26 한나가 이르되 내 주여 당신의 사심으
로 맹세하나이다 나는 여기서 내 주 당신
곁에 서서 여호와께 기도하던 여자라

27 이 아이를 위하여 내가 기도하였더니
내가 구하여 기도한 바를 여호와께서 내
게 허락하신지라

28 그러므로 나도 그를 여호와께 드리되
그의 평생을 여호와께 드리나이다 하고
그가 거기서 여호와께 경배하니라

한나의 기도

2 한나가 기도하여 이르되 내 마음이 여
호와로 말미암아 즐거워하며 내 뿔이
여호와로 말미암아 높아졌으며 내 입이
내 원수들을 향하여 크게 열렸으니 이는
내가 주의 구원으로 말미암아 기뻐함이
니이다

2 여호와와 같이 거룩하신 이가 없으시
니 이는 주 밖에 다른 이가 없고 우리 하
나님 같은 반석도 없으심이니이다

3 심히 교만한 말을 다시 하지 말 것이
며 오만한 말을 너희의 입에서 내지 말지
어다 여호와는 지식의 하나님이시라 행
동을 달아 보시느니라

4 용사의 활은 꺾이고 넘어진 자는 힘으
로 띠를 띠도다

5 풍족하던 자들은 양식을 위하여 품을

25
26
27
28
한나의 기도
2
2
3
4
5

팔고 주리던 자들은 다시 주리지 아니하
도다 전에 임신하지 못하던 자는 일곱을
낳았고 많은 자녀를 둔 자는 쇠약하도다

6 여호와는 죽이기도 하시고 살리기도
하시며 스올에 내리게도 하시고 거기에
서 올리기도 하시는도다

7 여호와는 가난하게도 하시고 부하게
도 하시며 낮추기도 하시고 높이기도 하
시는도다

8 가난한 자를 진토에서 일으키시며 빈
궁한 자를 거름더미에서 올리사 귀족들
과 함께 앉게 하시며 영광의 자리를 차지
하게 하시는도다 땅의 기둥들은 여호와
의 것이라 여호와께서 세계를 그것들 위
에 세우셨도다

9 그가 그의 거룩한 자들의 발을 지키실
것이요 악인들을 흑암 중에서 잠잠하게
하시리니 힘으로는 이길 사람이 없음이
로다

10 여호와를 대적하는 자는 산산이 깨어
질 것이라 하늘에서 우레로 그들을 치시
리로다 여호와께서 땅 끝까지 심판을 내
리시고 자기 왕에게 힘을 주시며 자기의
기름 부음을 받은 자의 뿔을 높이시리로
다 하니라

11 엘가나는 라마의 자기 집으로 돌아가
고 그 아이는 제사장 엘리 앞에서 여호와
를 섬기니라

행실이 나쁜 엘리의 아들들

12 엘리의 아들들은 행실이 나빠 여호와

6

7

8

9

10

11

행실이 나쁜 엘리의 아들들

12

를 알지 못하더라

13 그 제사장들이 백성에게 행하는 관습
은 이러하니 곧 어떤 사람이 제사를 드리
고 그 고기를 삶을 때에 제사장의 사환이
손에 세 살 갈고리를 가지고 와서

14 그것으로 냄비에나 솥에나 큰 솥에나
가마에 찔러 넣어 갈고리에 걸려 나오는
것은 제사장이 자기 것으로 가지되 실로
에서 그 곳에 온 모든 이스라엘 사람에게
이같이 할 뿐 아니라

15 기름을 태우기 전에도 제사장의 사환
이 와서 제사 드리는 사람에게 이르기를
제사장에게 구워 드릴 고기를 내라 그가
네게 삶은 고기를 원하지 아니하고 날 것
을 원하신다 하다가

16 그 사람이 이르기를 반드시 먼저 기름
을 태운 후에 네 마음에 원하는 대로 가지
라 하면 그가 말하기를 아니라 지금 내게
내라 그렇지 아니하면 내가 억지로 빼앗으
리라 하였으니

17 이 소년들의 죄가 여호와 앞에 심히
큼은 그들이 여호와의 제사를 멸시함이
었더라

실로에 머문 사무엘

18 사무엘은 어렸을 때에 세마포 에봇을
입고 여호와 앞에서 섬겼더라

19 그의 어머니가 매년 드리는 제사를 드
리러 그의 남편과 함께 올라갈 때마다 작
은 겉옷을 지어다가 그에게 주었더니

20 엘리가 엘가나와 그의 아내에게 축복

13

14

15

16

17

실로에 머문 사무엘

18

19

20

하여 이르되 여호와께서 이 여인으로 말
미암아 네게 다른 후사를 주사 이가 여호
와께 간구하여 얻어 바친 아들을 대신하
게 하시기를 원하노라 하였더니 그들이
자기 집으로 돌아가매

21 여호와께서 한나를 돌보시사 그로 하
여금 임신하여 세 아들과 두 딸을 낳게 하
셨고 아이 사무엘은 여호와 앞에서 자라
니라

엘리와 그의 아들들

22 엘리가 매우 늙었더니 그의 아들들이
온 이스라엘에게 행한 모든 일과 회막 문
에서 수종 드는 여인들과 동침하였음을
듣고

23 그들에게 이르되 너희가 어찌하여 이
런 일을 하느냐 내가 너희의 악행을 이 모
든 백성에게서 듣노라

24 내 아들들아 그리하지 말라 내게 들리
는 소문이 좋지 아니하니라 너희가 여호
와의 백성으로 범죄하게 하는도다

25 사람이 사람에게 범죄하면 하나님이
심판하시려니와 만일 사람이 여호와께
범죄하면 누가 그를 위하여 간구하겠느
냐 하되 그들이 자기 아버지의 말을 듣지
아니하였으니 이는 여호와께서 그들을
죽이기로 뜻하셨음이더라

26 아이 사무엘이 점점 자라매 여호와와
사람들에게 은총을 더욱 받더라

엘리의 집에 내린 저주

27 하나님의 사람이 엘리에게 와서 그에

21

엘리와 그의 아들들

22

23

24

25

26

엘리의 집에 내린 저주

27

게 이르되 여호와의 말씀에 너희 조상의
집이 애굽에서 바로의 집에 속하였을 때
에 내가 그들에게 나타나지 아니하였느
냐

28 이스라엘 모든 지파 중에서 내가 그를
택하여 내 제사장으로 삼아 그가 내 제단
에 올라 분향하며 내 앞에서 에봇을 입게
하지 아니하였느냐 이스라엘 자손이 드
리는 모든 화제를 내가 네 조상의 집에 주
지 아니하였느냐

29 너희는 어찌하여 내가 내 처소에서 명
령한 내 제물과 예물을 밟으며 네 아들들
을 나보다 더 중히 여겨 내 백성 이스라엘
이 드리는 가장 좋은 것으로 너희들을 살
지게 하느냐

30 그러므로 이스라엘의 하나님 나 여호
와가 말하노라 내가 전에 네 집과 네 조상
의 집이 내 앞에 영원히 행하리라 하였으
나 이제 나 여호와가 말하노니 결단코 그
렇게 하지 아니하리라 나를 존중히 여기
는 자를 내가 존중히 여기고 나를 멸시하
는 자를 내가 경멸하리라

31 보라 내가 네 팔과 네 조상의 집 팔을
끊어 네 집에 노인이 하나도 없게 하는 날
이 이를지라

32 이스라엘에게 모든 복을 내리는 중에
너는 내 처소의 환난을 볼 것이요 네 집에
영원토록 노인이 없을 것이며

33 내 제단에서 내가 끊어 버리지 아니할
네 사람이 네 눈을 쇠잔하게 하고 네 마음

28
29
30
31
32
33

을 슬프게 할 것이요 네 집에서 출산되는
모든 자가 젊어서 죽으리라
34 네 두 아들 홉니와 비느하스가 한 날
에 죽으리니 그 둘이 당할 그 일이 네게
표징이 되리라
35 내가 나를 위하여 충실한 제사장을 일
으키리니 그 사람은 내 마음, 내 뜻대로
행할 것이라 내가 그를 위하여 견고한 집
을 세우리니 그가 나의 기름 부음을 받은
자 앞에서 영구히 행하리라
36 그리고 네 집에 남은 사람이 각기 와
서 은 한 조각과 떡 한 덩이를 위하여 그
에게 엎드려 이르되 청하노니 내게 제사
장의 직분 하나를 맡겨 내게 떡 조각을 먹
게 하소서 하리라 하셨다 하니라

여호와께서 사무엘을 부르시다

3 아이 사무엘이 엘리 앞에서 여호와를
섬길 때에는 여호와의 말씀이 희귀하
여 이상이 흔히 보이지 않았더라
2 엘리의 눈이 점점 어두워 가서 잘 보
지 못하는 그 때에 그가 자기 처소에 누웠
고
3 하나님의 등불은 아직 꺼지지 아니하
였으며 사무엘은 하나님의 궤 있는 여호
와의 전 안에 누웠더니
4 여호와께서 사무엘을 부르시는지라
그가 대답하되 내가 여기 있나이다 하고
5 엘리에게로 달려가서 이르되 당신이
나를 부르셨기로 내가 여기 있나이다 하
니 그가 이르되 나는 부르지 아니하였으

34
35
36
여호와께서 사무엘을 부르시다
3
2
3
4
5

니 다시 누우라 하는지라 그가 가서 누웠
더니

6 여호와께서 다시 사무엘을 부르시는 6
지라 사무엘이 일어나 엘리에게로 가서
이르되 당신이 나를 부르셨기로 내가 여
기 있나이다 하니 그가 대답하되 내 아들
아 내가 부르지 아니하였으니 다시 누우
라 하니라

7 사무엘이 아직 여호와를 알지 못하고 7
여호와의 말씀도 아직 그에게 나타나지
아니한 때라

8 여호와께서 세 번째 사무엘을 부르시 8
는지라 그가 일어나 엘리에게로 가서 이
르되 당신이 나를 부르셨기로 내가 여기
있나이다 하니 엘리가 여호와께서 이 아
이를 부르신 줄을 깨닫고

9 엘리가 사무엘에게 이르되 가서 누웠 9
다가 그가 너를 부르시거든 네가 말하기
를 여호와여 말씀하옵소서 주의 종이 듣
겠나이다 하라 하니 이에 사무엘이 가서
자기 처소에 누우니라

10 여호와께서 임하여 서서 전과 같이 사 10
무엘아 사무엘아 부르시는지라 사무엘이
이르되 말씀하옵소서 주의 종이 듣겠나
이다 하니

11 여호와께서 사무엘에게 이르시되 보 11
라 내가 이스라엘 중에 한 일을 행하리니
그것을 듣는 자마다 두 귀가 울리리라

12 내가 엘리의 집에 대하여 말한 것을 12
처음부터 끝까지 그 날에 그에게 다 이루

리라
13 내가 그의 집을 영원토록 심판하겠다
고 그에게 말한 것은 그가 아는 죄악 때문
이니 이는 그가 자기의 아들들이 저주를
자청하되 금하지 아니하였음이니라
14 그러므로 내가 엘리의 집에 대하여 맹
세하기를 엘리 집의 죄악은 제물로나 예
물로나 영원히 속죄함을 받지 못하리라
하였노라 하셨더라
15 사무엘이 아침까지 누웠다가 여호와
의 집의 문을 열었으나 그 이상을 엘리에
게 알게 하기를 두려워하더니
16 엘리가 사무엘을 불러 이르되 내 아들
사무엘아 하니 그가 대답하되 내가 여기
있나이다 하니 그가
17 이르되 네게 무엇을 말씀하셨느냐 청
하노니 내게 숨기지 말라 네게 말씀하신
모든 것을 하나라도 숨기면 하나님이 네
게 벌을 내리시고 또 내리시기를 원하노
라 하는지라
18 사무엘이 그것을 그에게 자세히 말하
고 조금도 숨기지 아니하니 그가 이르되
이는 여호와이시니 선하신 대로 하실 것
이니라 하니라
19 사무엘이 자라매 여호와께서 그와 함
께 계셔서 그의 말이 하나도 땅에 떨어지
지 않게 하시니
20 단에서부터 브엘세바까지의 온 이스
라엘이 사무엘은 여호와의 선지자로 세
우심을 입은 줄을 알았더라

13

14

15

16

17

18

19

20

21 여호와께서 실로에서 다시 나타나시
되 여호와께서 실로에서 여호와의 말씀
으로 사무엘에게 자기를 나타내시니라

4 사무엘의 말이 온 이스라엘에 전파되
니라

언약궤를 빼앗기다

이스라엘은 나가서 블레셋 사람들과 싸
우려고 에벤에셀 곁에 진 치고 블레셋 사
람들은 아벡에 진 쳤더니
2 블레셋 사람들이 이스라엘에 대하여
전열을 벌이니라 그 둘이 싸우다가 이스
라엘이 블레셋 사람들 앞에서 패하여 그
들에게 전쟁에서 죽임을 당한 군사가 사
천 명 가량이라
3 백성이 진영으로 돌아오매 이스라엘
장로들이 이르되 여호와께서 어찌하여
우리에게 오늘 블레셋 사람들 앞에 패하
게 하셨는고 여호와의 언약궤를 실로에
서 우리에게로 가져다가 우리 중에 있게
하여 그것으로 우리를 우리 원수들의 손
에서 구원하게 하자 하니
4 이에 백성이 실로에 사람을 보내어 그
룹 사이에 계신 만군의 여호와의 언약궤
를 거기서 가져왔고 엘리의 두 아들 홉니
와 비느하스는 하나님의 언약궤와 함께
거기에 있었더라
5 여호와의 언약궤가 진영에 들어올 때
에 온 이스라엘이 큰 소리로 외치매 땅이
울린지라
6 블레셋 사람이 그 외치는 소리를 듣고

21

4

언약궤를 빼앗기다

2

3

4

5

6

이르되 히브리 진영에서 큰 소리로 외침
은 어찌 됨이냐 하다가 여호와의 궤가 진
영에 들어온 줄을 깨달은지라

7 블레셋 사람이 두려워하여 이르되 신
이 진영에 이르렀도다 하고 또 이르되 우
리에게 화로다 전날에는 이런 일이 없었
도다

8 우리에게 화로다 누가 우리를 이 능한
신들의 손에서 건지리요 그들은 광야에서
여러 가지 재앙으로 애굽인을 친 신들이
니라

9 너희 블레셋 사람들아 강하게 되며 대
장부가 되라 너희가 히브리 사람의 종이
되기를 그들이 너희의 종이 되었던 것 같
이 되지 말고 대장부 같이 되어 싸우라 하
고

10 블레셋 사람들이 쳤더니 이스라엘이
패하여 각기 장막으로 도망하였고 살륙
이 심히 커서 이스라엘 보병의 엎드러진
자가 삼만 명이었으며

11 하나님의 궤는 빼앗겼고 엘리의 두 아
들 홉니와 비느하스는 죽임을 당하였더라

엘리가 죽다

엘리가 죽다

12 당일에 어떤 베냐민 사람이 진영에서
달려나와 자기의 옷을 찢고 자기의 머리
에 티끌을 덮어쓰고 실로에 이르니라

13 그가 이를 때는 엘리가 길 옆 자기의
의자에 앉아 기다리며 그의 마음이 하나
님의 궤로 말미암아 떨릴 즈음이라 그 사
람이 성읍에 들어오며 알리매 온 성읍이

부르짖는지라

14 엘리가 그 부르짖는 소리를 듣고 이르
되 이 떠드는 소리는 어찌 됨이냐 그 사람
이 빨리 가서 엘리에게 말하니

15 그 때에 엘리의 나이가 구십팔 세라
그의 눈이 어두워서 보지 못하더라

16 그 사람이 엘리에게 말하되 나는 진중
에서 나온 자라 내가 오늘 진중에서 도망
하여 왔나이다 엘리가 이르되 내 아들아
일이 어떻게 되었느냐

17 소식을 전하는 자가 대답하여 이르되
이스라엘이 블레셋 사람들 앞에서 도망
하였고 백성 중에는 큰 살륙이 있었고 당
신의 두 아들 홉니와 비느하스도 죽임을
당하였고 하나님의 궤는 빼앗겼나이다

18 하나님의 궤를 말할 때에 엘리가 자기
의자에서 뒤로 넘어져 문 곁에서 목이 부
러져 죽었으니 나이가 많고 비대한 까닭
이라 그가 이스라엘의 사사가 된 지 사십
년이었더라

비느하스의 아내가 죽다

19 그의 며느리인 비느하스의 아내가 임
신하여 해산 때가 가까웠더니 하나님의
궤를 빼앗긴 것과 그의 시아버지와 남편
이 죽은 소식을 듣고 갑자기 아파서 몸을
구푸려 해산하고

20 죽어갈 때에 곁에 서 있던 여인들이
그에게 이르되 두려워하지 말라 네가 아
들을 낳았다 하되 그가 대답하지도 아니
하며 관념하지도 아니하고

14

15

16

17

18

비느하스의 아내가 죽다

19

20

21 이르기를 영광이 이스라엘에서 떠났다 하고 아이 이름을 이가봇이라 하였으니 하나님의 궤가 빼앗겼고 그의 시아버지와 남편이 죽었기 때문이며

22 또 이르기를 하나님의 궤를 빼앗겼으므로 영광이 이스라엘에서 떠났다 하였더라

블레셋 사람에게 빼앗긴 언약궤

5 블레셋 사람들이 하나님의 궤를 빼앗아 가지고 에벤에셀에서부터 아스돗에 이르니라

2 블레셋 사람들이 하나님의 궤를 가지고 다곤의 신전에 들어가서 다곤 곁에 두었더니

3 아스돗 사람들이 이튿날 일찍이 일어나 본즉 다곤이 여호와의 궤 앞에서 엎드러져 그 얼굴이 땅에 닿았는지라 그들이 다곤을 일으켜 다시 그 자리에 세웠더니

4 그 이튿날 아침에 그들이 일찍이 일어나 본즉 다곤이 여호와의 궤 앞에서 또다시 엎드러져 얼굴이 땅에 닿았고 그 머리와 두 손목은 끊어져 문지방에 있고 다곤의 몸뚱이만 남았더라

5 그러므로 다곤의 제사장들이나 다곤의 신전에 들어가는 자는 오늘까지 아스돗에 있는 다곤의 문지방을 밟지 아니하더라

6 여호와의 손이 아스돗 사람에게 엄중히 더하사 독한 종기의 재앙으로 아스돗과 그 지역을 쳐서 망하게 하니

21

22

블레셋 사람에게 빼앗긴 언약궤

5

2

3

4

5

6

7 아스돗 사람들이 이를 보고 이르되 이
스라엘 신의 궤를 우리와 함께 있지 못하
게 할지라 그의 손이 우리와 우리 신 다곤
을 친다 하고

8 이에 사람을 보내어 블레셋 사람들의
모든 방백을 모으고 이르되 우리가 이스
라엘 신의 궤를 어찌하랴 하니 그들이 대
답하되 이스라엘 신의 궤를 가드로 옮겨
가라 하므로 이스라엘 신의 궤를 옮겨 갔
더니

9 그것을 옮겨 간 후에 여호와의 손이
심히 큰 환난을 그 성읍에 더하사 성읍 사
람들의 작은 자와 큰 자를 다 쳐서 독한
종기가 나게 하신지라

10 이에 그들이 하나님의 궤를 에그론으
로 보내니라 하나님의 궤가 에그론에 이
른즉 에그론 사람이 부르짖어 이르되 그
들이 이스라엘 신의 궤를 우리에게로 가
져다가 우리와 우리 백성을 죽이려 한다
하고

11 이에 사람을 보내어 블레셋 모든 방백
을 모으고 이르되 이스라엘 신의 궤를 보
내어 그 있던 곳으로 돌아가게 하고 우리
와 우리 백성이 죽임 당함을 면하게 하자
하니 이는 온 성읍이 사망의 환난을 당함
이라 거기서 하나님의 손이 엄중하시므로

12 죽지 아니한 사람들은 독한 종기로 치
심을 당해 성읍의 부르짖음이 하늘에 사
무쳤더라

언약궤가 돌아오다

7

8

9

10

11

12

언약궤가 돌아오다

6 여호와의 궤가 블레셋 사람들의 지방
에 있은 지 일곱 달이라

2 블레셋 사람들이 제사장들과 복술자
들을 불러서 이르되 우리가 여호와의 궤
를 어떻게 할까 그것을 어떻게 그 있던 곳
으로 보낼 것인지 우리에게 가르치라

3 그들이 이르되 이스라엘 신의 궤를 보
내려거든 거저 보내지 말고 그에게 속건
제를 드려야 할지니라 그리하면 병도 낫
고 그의 손을 너희에게서 옮기지 아니하
는 이유도 알리라 하니

4 그들이 이르되 무엇으로 그에게 드릴
속건제를 삼을까 하니 이르되 블레셋 사
람의 방백의 수효대로 금 독종 다섯과 금
쥐 다섯 마리라야 하리니 너희와 너희 통
치자에게 내린 재앙이 같음이니라

5 그러므로 너희는 너희의 독한 종기의
형상과 땅을 해롭게 하는 쥐의 형상을 만
들어 이스라엘 신께 영광을 돌리라 그가
혹 그의 손을 너희와 너희의 신들과 너희
땅에서 가볍게 하실까 하노라

6 애굽인과 바로가 그들의 마음을 완악
하게 한 것 같이 어찌하여 너희가 너희의
마음을 완악하게 하겠느냐 그가 그들 중
에서 재앙을 내린 후에 그들이 백성을 가
게 하므로 백성이 떠나지 아니하였느냐

7 그러므로 새 수레를 하나 만들고 멍에
를 메어 보지 아니한 젖 나는 소 두 마리
를 끌어다가 소에 수레를 메우고 그 송아
지들은 떼어 집으로 돌려보내고

8 여호와의 궤를 가져다가 수레에 싣고
속건제로 드릴 금으로 만든 물건들은 상자
에 담아 궤 곁에 두고 그것을 보내어 가게
하고

9 보고 있다가 만일 궤가 그 본 지역 길
로 올라가서 벧세메스로 가면 이 큰 재앙
은 그가 우리에게 내린 것이요 그렇지 아
니하면 우리를 친 것이 그의 손이 아니요
우연히 당한 것인 줄 알리라 하니라

10 그 사람들이 그같이 하여 젖 나는 소
둘을 끌어다가 수레를 메우고 송아지들
은 집에 가두고

11 여호와의 궤와 및 금 쥐와 그들의 독종
의 형상을 담은 상자를 수레 위에 실으니

12 암소가 벧세메스 길로 바로 행하여 대
로로 가며 갈 때에 울고 좌우로 치우치지
아니하였고 블레셋 방백들은 벧세메스
경계선까지 따라 가니라

13 벧세메스 사람들이 골짜기에서 밀을
베다가 눈을 들어 궤를 보고 그 본 것을
기뻐하더니

14 수레가 벧세메스 사람 여호수아의 밭
큰 돌 있는 곳에 이르러 선지라 무리가 수
레의 나무를 패고 그 암소들을 번제물로
여호와께 드리고

15 레위인은 여호와의 궤와 그 궤와 함께
있는 금 보물 담긴 상자를 내려다가 큰 돌
위에 두매 그 날에 벧세메스 사람들이 여
호와께 번제와 다른 제사를 드리니라

16 블레셋 다섯 방백이 이것을 보고 그

8

9

10

11

12

13

14

15

16

날에 에그론으로 돌아갔더라

17 블레셋 사람이 여호와께 속건제물로
드린 금 독종은 이러하니 아스돗을 위하
여 하나요 가사를 위하여 하나요 아스글
론을 위하여 하나요 가드를 위하여 하나
요 에그론을 위하여 하나이며

18 드린 바 금 쥐들은 견고한 성읍에서부
터 시골의 마을에까지 그리고 사람들이
여호와의 궤를 놓은 큰 돌에 이르기까지
다섯 방백들에게 속한 블레셋 사람들의
모든 성읍들의 수대로였더라 그 돌은 벧
세메스 사람 여호수아의 밭에 오늘까지
있더라

언약궤를 기럇여아림으로 보내다

19 벧세메스 사람들이 여호와의 궤를 들
여다 본 까닭에 그들을 치사 (오만) 칠십
명을 죽이신지라 여호와께서 백성을 쳐서
크게 살륙하셨으므로 백성이 슬피 울었더
라

20 벧세메스 사람들이 이르되 이 거룩하
신 하나님 여호와 앞에 누가 능히 서리요
그를 우리에게서 누구에게로 올라가시게
할까 하고

21 전령들을 기럇여아림 주민에게 보내
어 이르되 블레셋 사람들이 여호와의 궤
를 도로 가져왔으니 너희는 내려와서 그
것을 너희에게로 옮겨 가라

7 기럇여아림 사람들이 와서 여호와의
궤를 옮겨 산에 사는 아비나답의 집에
들여놓고 그의 아들 엘리아살을 거룩하게

17

18

언약궤를 기럇여아림으로 보내다

19

20

21

7

구별하여 여호와의 궤를 지키게 하였더니
2 궤가 기랏여아림에 들어간 날부터 이
십 년 동안 오래 있은지라 이스라엘 온 족
속이 여호와를 사모하니라

사무엘이 이스라엘을 다스리다

3 사무엘이 이스라엘 온 족속에게 말하여
이르되 만일 너희가 전심으로 여호와께 돌
아오려거든 이방 신들과 아스다롯을 너희
중에서 제거하고 너희 마음을 여호와께로
향하여 그만을 섬기라 그리하면 너희를 블
레셋 사람의 손에서 건져내시리라
4 이에 이스라엘 자손이 바알들과 아스
다롯을 제거하고 여호와만 섬기니라
5 사무엘이 이르되 온 이스라엘은 미스
바로 모이라 내가 너희를 위하여 여호와
께 기도하리라 하매
6 그들이 미스바에 모여 물을 길어 여호
와 앞에 붓고 그 날 종일 금식하고 거기에
서 이르되 우리가 여호와께 범죄하였나
이다 하니라 사무엘이 미스바에서 이스
라엘 자손을 다스리니라
7 이스라엘 자손이 미스바에 모였다 함
을 블레셋 사람들이 듣고 그들의 방백들
이 이스라엘을 치러 올라온지라 이스라
엘 자손들이 듣고 블레셋 사람들을 두려
워하여
8 이스라엘 자손이 사무엘에게 이르되
당신은 우리를 위하여 우리 하나님 여호
와께 쉬지 말고 부르짖어 우리를 블레셋
사람들의 손에서 구원하시게 하소서 하니

2

사무엘이 이스라엘을 다스리다

3

4

5

6

7

8

9 사무엘이 젖 먹는 어린 양 하나를 가져
다가 온전한 번제를 여호와께 드리고 이스
라엘을 위하여 여호와께 부르짖으매 여호
와께서 응답하셨더라

10 사무엘이 번제를 드릴 때에 블레셋 사
람이 이스라엘과 싸우려고 가까이 오매
그 날에 여호와께서 블레셋 사람에게 큰
우레를 발하여 그들을 어지럽게 하시니
그들이 이스라엘 앞에 패한지라

11 이스라엘 사람들이 미스바에서 나가
서 블레셋 사람들을 추격하여 벧갈 아래
에 이르기까지 쳤더라

12 사무엘이 돌을 취하여 미스바와 센 사
이에 세워 이르되 여호와께서 여기까지
우리를 도우셨다 하고 그 이름을 에벤에
셀이라 하니라

13 이에 블레셋 사람들이 굴복하여 다시
는 이스라엘 지역 안에 들어오지 못하였
으며 여호와의 손이 사무엘이 사는 날 동
안에 블레셋 사람을 막으시매

14 블레셋 사람들이 이스라엘에게서 빼
앗았던 성읍이 에그론부터 가드까지 이
스라엘에게 회복되니 이스라엘이 그 사
방 지역을 블레셋 사람들의 손에서 도로
찾았고 또 이스라엘과 아모리 사람 사이
에 평화가 있었더라

15 사무엘이 사는 날 동안에 이스라엘을
다스렸으되

16 해마다 벧엘과 길갈과 미스바로 순회
하여 그 모든 곳에서 이스라엘을 다스렸고

9

10

11

12

13

14

15

16

17 라마로 돌아왔으니 이는 거기에 자기 집이 있음이니라 거기서도 이스라엘을 다스렸으며 또 거기에 여호와를 위하여 제단을 쌓았더라

백성이 왕을 요구하다

8 사무엘이 늙으매 그의 아들들을 이스라엘 사사로 삼으니

2 장자의 이름은 요엘이요 차자의 이름은 아비야라 그들이 브엘세바에서 사사가 되니라

3 그의 아들들이 자기 아버지의 행위를 따르지 아니하고 이익을 따라 뇌물을 받고 판결을 굽게 하니라

4 이스라엘 모든 장로가 모여 라마에 있는 사무엘에게 나아가서

5 그에게 이르되 보소서 당신은 늙고 당신의 아들들은 당신의 행위를 따르지 아니하니 모든 나라와 같이 우리에게 왕을 세워 우리를 다스리게 하소서 한지라

6 우리에게 왕을 주어 우리를 다스리게 하라 했을 때에 사무엘이 그것을 기뻐하지 아니하여 여호와께 기도하매

7 여호와께서 사무엘에게 이르시되 백성이 네게 한 말을 다 들으라 이는 그들이 너를 버림이 아니요 나를 버려 자기들의 왕이 되지 못하게 함이니라

8 내가 그들을 애굽에서 인도하여 낸 날부터 오늘까지 그들이 모든 행사로 나를 버리고 다른 신들을 섬김 같이 네게도 그리하는도다

17
백성이 왕을 요구하다
8
2
3
4
5
6
7
8

9 그러므로 그들의 말을 듣되 너는 그들에게 엄히 경고하고 그들을 다스릴 왕의 제도를 가르치라	9
10 사무엘이 왕을 요구하는 백성에게 여호와의 모든 말씀을 말하여	10
11 이르되 너희를 다스릴 왕의 제도는 이러하니라 그가 너희 아들들을 데려다가 그의 병거와 말을 어거하게 하리니 그들이 그 병거 앞에서 달릴 것이며	11
12 그가 또 너희의 아들들을 천부장과 오십부장을 삼을 것이며 자기 밭을 갈게 하고 자기 추수를 하게 할 것이며 자기 무기와 병거의 장비도 만들게 할 것이며	12
13 그가 또 너희의 딸들을 데려다가 향료 만드는 자와 요리하는 자와 떡 굽는 자로 삼을 것이며	13
14 그가 또 너희의 밭과 포도원과 감람원에서 제일 좋은 것을 가져다가 자기의 신하들에게 줄 것이며	14
15 그가 또 너희의 곡식과 포도원 소산의 십일조를 거두어 자기의 관리와 신하에게 줄 것이며	15
16 그가 또 너희의 노비와 가장 아름다운 소년과 나귀들을 끌어다가 자기 일을 시킬 것이며	16
17 너희의 양 떼의 십분의 일을 거두어 가리니 너희가 그의 종이 될 것이라	17
18 그 날에 너희는 너희가 택한 왕으로 말미암아 부르짖되 그 날에 여호와께서 너희에게 응답하지 아니하시리라 하니	18

19 백성이 사무엘의 말 듣기를 거절하여
이르되 아니로소이다 우리도 우리 왕이
있어야 하리니

20 우리도 다른 나라들 같이 되어 우리의
왕이 우리를 다스리며 우리 앞에 나가서
우리의 싸움을 싸워야 할 것이니이다 하
는지라

21 사무엘이 백성의 말을 다 듣고 여호와
께 아뢰매

22 여호와께서 사무엘에게 이르시되 그
들의 말을 들어 왕을 세우라 하시니 사무
엘이 이스라엘 사람들에게 이르되 너희
는 각기 성읍으로 돌아가라 하니라

사울이 사무엘을 만나다

9 베냐민 지파에 기스라 이름하는 유력
한 사람이 있으니 그는 아비엘의 아들
이요 스롤의 손자요 베고랏의 증손이요
아비아의 현손이며 베냐민 사람이더라

2 기스에게 아들이 있으니 그의 이름은
사울이요 준수한 소년이라 이스라엘 자
손 중에 그보다 더 준수한 자가 없고 키는
모든 백성보다 어깨 위만큼 더 컸더라

3 사울의 아버지 기스가 암나귀들을 잃
고 그의 아들 사울에게 이르되 너는 일어
나 한 사환을 데리고 가서 암나귀들을 찾
으라 하매

4 그가 에브라임 산지와 살리사 땅으로
두루 다녀 보았으나 찾지 못하고 사알림
땅으로 두루 다녀 보았으나 그 곳에는 없
었고 베냐민 사람의 땅으로 두루 다녀 보

19
20
21
22
사울이 사무엘을 만나다
9
2
3
4

왔으나 찾지 못하니라

5 그들이 숩 땅에 이른 때에 사울이 함
께 가던 사환에게 이르되 돌아가자 내 아
버지께서 암나귀 생각은 고사하고 우리
를 위하여 걱정하실까 두려워하노라 하
니

6 그가 대답하되 보소서 이 성읍에 하나
님의 사람이 있는데 존경을 받는 사람이
라 그가 말한 것은 반드시 다 응하나니 그
리로 가사이다 그가 혹 우리가 갈 길을 가
르쳐 줄까 하나이다 하는지라

7 사울이 그의 사환에게 이르되 우리가
가면 그 사람에게 무엇을 드리겠느냐 우
리 주머니에 먹을 것이 다하였으니 하나
님의 사람에게 드릴 예물이 없도다 무엇
이 있느냐 하니

8 사환이 사울에게 다시 대답하여 이르
되 보소서 내 손에 은 한 세겔의 사분의
일이 있으니 하나님의 사람에게 드려 우
리 길을 가르쳐 달라 하겠나이다 하더라

9 (옛적 이스라엘에 사람이 하나님께 가
서 물으려 하면 말하기를 선견자에게로
가자 하였으니 지금 선지자라 하는 자를
옛적에는 선견자라 일컬었더라)

10 사울이 그의 사환에게 이르되 네 말이
옳다 가자 하고 그들이 하나님의 사람이
있는 성읍으로 가니라

11 그들이 성읍을 향한 비탈길로 올라가
다가 물 길으러 나오는 소녀들을 만나 그
들에게 묻되 선견자가 여기 있느냐 하니

12 그들이 대답하여 이르되 있나이다 보
소서 그가 당신보다 앞서 갔으니 빨리 가
소서 백성이 오늘 산당에서 제사를 드리
므로 그가 오늘 성읍에 들어오셨나이다

13 당신들이 성읍으로 들어가면 그가 먹
으러 산당에 올라가기 전에 곧 만나리이
다 그가 오기 전에는 백성이 먹지 아니하
나니 이는 그가 제물을 축사한 후에야 청
함을 받은 자가 먹음이니이다 그러므로
지금 올라가소서 곧 그를 만나리이다 하
는지라

14 그들이 성읍으로 올라가서 그리로 들
어갈 때에 사무엘이 마침 산당으로 올라
가려고 마주 나오더라

15 사울이 오기 전날에 여호와께서 사무
엘에게 알게 하여 이르시되

16 내일 이맘 때에 내가 베냐민 땅에서
한 사람을 네게로 보내리니 너는 그에게
기름을 부어 내 백성 이스라엘의 지도자
로 삼으라 그가 내 백성을 블레셋 사람들
의 손에서 구원하리라 내 백성의 부르짖
음이 내게 상달되었으므로 내가 그들을
돌보았노라 하셨더니

17 사무엘이 사울을 볼 때에 여호와께서
그에게 이르시되 보라 이는 내가 네게 말
한 사람이니 이가 내 백성을 다스리리라
하시니라

18 사울이 성문 안 사무엘에게 나아가 이
르되 선견자의 집이 어디인지 청하건대
내게 가르치소서 하니

12

13

14

15

16

17

18

19 사무엘이 사울에게 대답하여 이르되
내가 선견자이니라 너는 내 앞서 산당으
로 올라가라 너희가 오늘 나와 함께 먹을
것이요 아침에는 내가 너를 보내되 네 마
음에 있는 것을 다 네게 말하리라

20 사흘 전에 잃은 네 암나귀들을 염려하
지 말라 찾았느니라 온 이스라엘이 사모
하는 자가 누구냐 너와 네 아버지의 온 집
이 아니냐 하는지라

21 사울이 대답하여 이르되 나는 이스라
엘 지파의 가장 작은 지파 베냐민 사람이
아니니이까 또 나의 가족은 베냐민 지파
모든 가족 중에 가장 미약하지 아니하니
이까 당신이 어찌하여 내게 이같이 말씀
하시나이까 하니

22 사무엘이 사울과 그의 사환을 인도하
여 객실로 들어가서 청한 자 중 상석에 앉
게 하였는데 객은 삼십 명 가량이었더라

23 사무엘이 요리인에게 이르되 내가 네
게 주며 네게 두라고 말한 그 부분을 가져
오라

24 요리인이 넓적다리와 그것에 붙은 것
을 가져다가 사울 앞에 놓는지라 사무엘
이 이르되 보라 이는 두었던 것이니 네 앞
에 놓고 먹으라 내가 백성을 청할 때부터
너를 위하여 이것을 두고 이 때를 기다리
게 하였느니라 그 날에 사울이 사무엘과
함께 먹으니라

사무엘이 사울에게 기름을 붓다

25 그들이 산당에서 내려 성읍에 들어가

19

20

21

22

23

24

사무엘이 사울에게 기름을 붓다

25

서는 사무엘이 사울과 함께 지붕에서 담화
하고

26 그들이 일찍이 일어날새 동틀 때쯤이
라 사무엘이 지붕에서 사울을 불러 이르
되 일어나라 내가 너를 보내리라 하매 사
울이 일어나고 그 두 사람 사울과 사무엘
이 함께 밖으로 나가서

27 성읍 끝에 이르매 사무엘이 사울에게
이르되 사환에게 우리를 앞서게 하라 하
니라 사환이 앞서가므로 또 이르되 너는
이제 잠깐 서 있으라 내가 하나님의 말씀
을 네게 들려 주리라 하더라

10 이에 사무엘이 기름병을 가져다가
사울의 머리에 붓고 입맞추며 이
르되 여호와께서 네게 기름을 부으사 그
의 기업의 지도자로 삼지 아니하셨느냐

2 네가 오늘 나를 떠나가다가 베냐민 경
계 셀사에 있는 라헬의 묘실 곁에서 두 사
람을 만나리니 그들이 네게 이르기를 네
가 찾으러 갔던 암나귀들을 찾은지라 네
아버지가 암나귀들의 염려는 놓았으나 너
희로 말미암아 걱정하여 이르되 내 아들
을 위하여 어찌하리요 하더라 할 것이요

3 네가 거기서 더 나아가서 다볼 상수리
나무에 이르면 거기서 하나님을 뵈오려
고 벧엘로 올라가는 세 사람을 만나리니
한 사람은 염소 새끼 셋을 이끌었고 한 사
람은 떡 세 덩이를 가졌고 한 사람은 포도
주 한 가죽부대를 가진 자라

4 그들이 네게 문안하고 떡 두 덩이를

주겠고 너는 그의 손에서 받으리라

5 그 후에 네가 하나님의 산에 이르리니
그 곳에는 블레셋 사람들의 영문이 있느
니라 네가 그리로 가서 그 성읍으로 들어
갈 때에 선지자의 무리가 산당에서부터
비파와 소고와 저와 수금을 앞세우고 예
언하며 내려오는 것을 만날 것이요

6 네게는 여호와의 영이 크게 임하리니
너도 그들과 함께 예언을 하고 변하여 새
사람이 되리라

7 이 징조가 네게 임하거든 너는 기회를
따라 행하라 하나님이 너와 함께 하시느
니라

8 너는 나보다 앞서 길갈로 내려가라 내
가 네게로 내려가서 번제와 화목제를 드
리리니 내가 네게 가서 네가 행할 것을 가
르칠 때까지 칠 일 동안 기다리라

9 그가 사무엘에게서 떠나려고 몸을 돌
이킬 때에 하나님이 새 마음을 주셨고 그
날 그 징조도 다 응하니라

10 그들이 산에 이를 때에 선지자의 무리
가 그를 영접하고 하나님의 영이 사울에
게 크게 임하므로 그가 그들 중에서 예언
을 하니

11 전에 사울을 알던 모든 사람들이 사울
이 선지자들과 함께 예언함을 보고 서로
이르되 기스의 아들에게 무슨 일이 일어났
느냐 사울도 선지자들 중에 있느냐 하고

12 그 곳의 어떤 사람은 말하여 이르되
그들의 아버지가 누구냐 한지라 그러므

5

6

7

8

9

10

11

12

로 속담이 되어 이르되 사울도 선지자들
중에 있느냐 하더라

13 사울이 예언하기를 마치고 산당으로
가니라

14 사울의 숙부가 사울과 그의 사환에게
이르되 너희가 어디로 갔더냐 사울이 이
르되 암나귀들을 찾다가 찾지 못하므로
사무엘에게 갔었나이다 하니

15 사울의 숙부가 이르되 청하노니 사무
엘이 너희에게 이른 말을 내게 말하라 하
니라

16 사울이 그의 숙부에게 말하되 그가 암
나귀들을 찾았다고 우리에게 분명히 말하
더이다 하고 사무엘이 말하던 나라의 일은
말하지 아니하니라

사울이 왕으로 뽑히다

17 사무엘이 백성을 미스바로 불러 여호
와 앞에 모으고

18 이스라엘 자손에게 이르되 이스라엘
하나님 여호와께서 이같이 말씀하시기를
내가 이스라엘을 애굽에서 인도하여 내
고 너희를 애굽인의 손과 너희를 압제하
는 모든 나라의 손에서 건져내었느니라
하셨거늘

19 너희는 너희를 모든 재난과 고통 중에
서 친히 구원하여 내신 너희의 하나님을
오늘 버리고 이르기를 우리 위에 왕을 세
우라 하는도다 그런즉 이제 너희의 지파
대로 천 명씩 여호와 앞에 나아오라 하고

20 사무엘이 이에 이스라엘 모든 지파를

13

14

15

16

사울이 왕으로 뽑히다

17

18

19

20

가까이 오게 하였더니 베냐민 지파가 뽑
혔고
21 베냐민 지파를 그들의 가족별로 가까
이 오게 하였더니 마드리의 가족이 뽑혔
고 그 중에서 기스의 아들 사울이 뽑혔으
나 그를 찾아도 찾지 못한지라
22 그러므로 그들이 또 여호와께 묻되 그
사람이 여기 왔나이까 여호와께서 대답
하시되 그가 짐보따리들 사이에 숨었느
니라 하셨더라
23 그들이 달려 가서 거기서 그를 데려오
매 그가 백성 중에 서니 다른 사람보다 어
깨 위만큼 컸더라
24 사무엘이 모든 백성에게 이르되 너희
는 여호와께서 택하신 자를 보느냐 모든
백성 중에 짝할 이가 없느니라 하니 모든
백성이 왕의 만세를 외쳐 부르니라
25 사무엘이 나라의 제도를 백성에게 말
하고 책에 기록하여 여호와 앞에 두고 모
든 백성을 각기 집으로 보내매
26 사울도 기브아 자기 집으로 갈 때에
마음이 하나님께 감동된 유력한 자들과
함께 갔느니라
27 어떤 불량배는 이르되 이 사람이 어떻
게 우리를 구원하겠느냐 하고 멸시하며
예물을 바치지 아니하였으나 그는 잠잠
하였더라

사울이 암몬 사람을 치다

11 암몬 사람 나하스가 올라와서 길르
앗 야베스에 맞서 진 치매 야베스 모

21
22
23
24
25
26
27
사울이 암몬 사람을 치다
11

든 사람들이 나하스에게 이르되 우리와
언약하자 그리하면 우리가 너를 섬기리라
하니

2 암몬 사람 나하스가 그들에게 이르되
내가 너희 오른 눈을 다 빼야 너희와 언약
하리라 내가 온 이스라엘을 이같이 모욕
하리라

3 야베스 장로들이 그에게 이르되 우리
에게 이레 동안 말미를 주어 우리가 이스
라엘 온 지역에 전령들을 보내게 하라 만
일 우리를 구원할 자가 없으면 네게 나아
가리라 하니라

4 이에 전령들이 사울이 사는 기브아에
이르러 이 말을 백성에게 전하매 모든 백
성이 소리를 높여 울더니

5 마침 사울이 밭에서 소를 몰고 오다가
이르되 백성이 무슨 일로 우느냐 하니 그
들이 야베스 사람의 말을 전하니라

6 사울이 이 말을 들을 때에 하나님의
영에게 크게 감동되매 그의 노가 크게 일
어나

7 한 겨리의 소를 잡아 각을 뜨고 전령
들의 손으로 그것을 이스라엘 모든 지역
에 두루 보내어 이르되 누구든지 나와서
사울과 사무엘을 따르지 아니하면 그의
소들도 이와 같이 하리라 하였더니 여호
와의 두려움이 백성에게 임하매 그들이
한 사람 같이 나온지라

8 사울이 베섹에서 그들의 수를 세어 보
니 이스라엘 자손이 삼십만 명이요 유다

2

3

4

5

6

7

8

사람이 삼만 명이더라

9 무리가 와 있는 전령들에게 이르되 너
희는 길르앗 야베스 사람에게 이같이 이
르기를 내일 해가 더울 때에 너희가 구원
을 받으리라 하라 전령들이 돌아가서 야
베스 사람들에게 전하매 그들이 기뻐하
니라

10 야베스 사람들이 이에 이르되 우리가
내일 너희에게 나아가리니 너희 생각에
좋을 대로 우리에게 다 행하라 하니라

11 이튿날 사울이 백성을 삼 대로 나누고
새벽에 적진 한가운데로 들어가서 날이 더
울 때까지 암몬 사람들을 치매 남은 자가
다 흩어져서 둘도 함께 한 자가 없었더라

사무엘이 길갈에서 사울을 왕으로 세우다

12 백성이 사무엘에게 이르되 사울이 어
찌 우리를 다스리겠느냐 한 자가 누구니
이까 그들을 끌어내소서 우리가 죽이겠나
이다

13 사울이 이르되 이 날에는 사람을 죽이
지 못하리니 여호와께서 오늘 이스라엘
중에 구원을 베푸셨음이니라

14 사무엘이 백성에게 이르되 오라 우리
가 길갈로 가서 나라를 새롭게 하자

15 모든 백성이 길갈로 가서 거기서 여호
와 앞에서 사울을 왕으로 삼고 길갈에서
여호와 앞에 화목제를 드리고 사울과 이
스라엘 모든 사람이 거기서 크게 기뻐하
니라

사무엘의 마지막 말

9

10

11

사무엘이 길갈에서 사울을 왕으로 세우다

12

13

14

15

사무엘의 마지막 말

12 사무엘이 온 이스라엘에게 이르되
보라 너희가 내게 한 말을 내가 다
듣고 너희 위에 왕을 세웠더니

2 이제 왕이 너희 앞에 출입하느니라 보
라 나는 늙어 머리가 희어졌고 내 아들들
도 너희와 함께 있느니라 내가 어려서부
터 오늘까지 너희 앞에 출입하였거니와

3 내가 여기 있나니 여호와 앞과 그의
기름 부음을 받은 자 앞에서 내게 대하여
증언하라 내가 누구의 소를 빼앗았느냐
누구의 나귀를 빼앗았느냐 누구를 속였
느냐 누구를 압제하였느냐 내 눈을 흐리
게 하는 뇌물을 누구의 손에서 받았느냐
그리하였으면 내가 그것을 너희에게 갚
으리라 하니

4 그들이 이르되 당신이 우리를 속이지
아니하였고 압제하지 아니하였고 누구의
손에서든지 아무것도 빼앗은 것이 없나
이다 하니라

5 사무엘이 백성에게 이르되 너희가 내
손에서 아무것도 찾아낸 것이 없음을 여
호와께서 너희에게 대하여 증언하시며
그의 기름 부음을 받은 자도 오늘 증언하
느니라 하니 그들이 이르되 그가 증언하
시나이다 하니라

6 사무엘이 백성에게 이르되 모세와 아
론을 세우시며 너희 조상들을 애굽 땅에
서 인도하여 내신 이는 여호와이시니

7 그런즉 가만히 서 있으라 여호와께서
너희와 너희 조상들에게 행하신 모든 공

12

2

3

4

5

6

7

의로운 일에 대하여 내가 여호와 앞에서
너희와 담론하리라

8 야곱이 애굽에 들어간 후 너희 조상들
이 여호와께 부르짖으매 여호와께서 모
세와 아론을 보내사 그 두 사람으로 너희
조상들을 애굽에서 인도해 내어 이 곳에
살게 하셨으나

9 그들이 그들의 하나님 여호와를 잊은
지라 여호와께서 그들을 하솔 군사령관
시스라의 손과 블레셋 사람들의 손과 모
압 왕의 손에 넘기셨더니 그들이 저희를
치매

10 백성이 여호와께 부르짖어 이르되 우
리가 여호와를 버리고 바알들과 아스다
롯을 섬김으로 범죄하였나이다 그러하오
나 이제 우리를 원수들의 손에서 건져내
소서 그리하시면 우리가 주를 섬기겠나
이다 하매

11 여호와께서 여룹바알과 베단과 입다
와 나 사무엘을 보내사 너희를 너희 사방
원수의 손에서 건져내사 너희에게 안전
하게 살게 하셨거늘

12 너희가 암몬 자손의 왕 나하스가 너희
를 치러 옴을 보고 너희의 하나님 여호와
께서는 너희의 왕이 되심에도 불구하고
너희가 내게 이르기를 아니라 우리를 다
스릴 왕이 있어야 하겠다 하였도다

13 이제 너희가 구한 왕, 너희가 택한 왕
을 보라 여호와께서 너희 위에 왕을 세우
셨느니라

14 너희가 만일 여호와를 경외하여 그를 섬기며 그의 목소리를 듣고 여호와의 명령을 거역하지 아니하며 또 너희와 너희를 다스리는 왕이 너희의 하나님 여호와를 따르면 좋겠지마는

15 너희가 만일 여호와의 목소리를 듣지 아니하고 여호와의 명령을 거역하면 여호와의 손이 너희의 조상들을 치신 것 같이 너희를 치실 것이라

16 너희는 이제 가만히 서서 여호와께서 너희 목전에서 행하시는 이 큰 일을 보라

17 오늘은 밀 베는 때가 아니냐 내가 여호와께 아뢰리니 여호와께서 우레와 비를 보내사 너희가 왕을 구한 일 곧 여호와의 목전에서 범한 죄악이 큼을 너희에게 밝히 알게 하시리라

18 이에 사무엘이 여호와께 아뢰매 여호와께서 그 날에 우레와 비를 보내시니 모든 백성이 여호와와 사무엘을 크게 두려워하니라

19 모든 백성이 사무엘에게 이르되 당신의 종들을 위하여 당신의 하나님 여호와께 기도하여 우리가 죽지 않게 하소서 우리가 우리의 모든 죄에 왕을 구하는 악을 더하였나이다

20 사무엘이 백성에게 이르되 두려워하지 말라 너희가 과연 이 모든 악을 행하였으나 여호와를 따르는 데에서 돌아서지 말고 오직 너희의 마음을 다하여 여호와를 섬기라

21 돌아서서 유익하게도 못하며 구원하
지도 못하는 헛된 것을 따르지 말라 그들
은 헛되니라

22 여호와께서는 너희를 자기 백성으로
삼으신 것을 기뻐하셨으므로 여호와께서
는 그의 크신 이름을 위해서라도 자기 백
성을 버리지 아니하실 것이요

23 나는 너희를 위하여 기도하기를 쉬는
죄를 여호와 앞에 결단코 범하지 아니하
고 선하고 의로운 길을 너희에게 가르칠
것인즉

24 너희는 여호와께서 너희를 위하여 행
하신 그 큰 일을 생각하여 오직 그를 경외
하며 너희의 마음을 다하여 진실히 섬기라

25 만일 너희가 여전히 악을 행하면 너희
와 너희 왕이 다 멸망하리라

사울이 블레셋과 싸우다

13 사울이 왕이 될 때에 사십 세라 그
가 이스라엘을 다스린 지 이 년에

2 이스라엘 사람 삼천 명을 택하여 그
중에서 이천 명은 자기와 함께 믹마스와
벧엘 산에 있게 하고 일천 명은 요나단과
함께 베냐민 기브아에 있게 하고 남은 백
성은 각기 장막으로 보내니라

3 요나단이 게바에 있는 블레셋 사람의
수비대를 치매 블레셋 사람이 이를 들은
지라 사울이 온 땅에 나팔을 불어 이르되
히브리 사람들은 들으라 하니

4 온 이스라엘이 사울이 블레셋 사람들
의 수비대를 친 것과 이스라엘이 블레셋

21
22
23
24
25
사울이 블레셋과 싸우다
13
2
3
4

사람들의 미움을 받게 되었다 함을 듣고
그 백성이 길갈로 모여 사울을 따르니라

5 블레셋 사람들이 이스라엘과 싸우려
고 모였는데 병거가 삼만이요 마병이 육
천 명이요 백성은 해변의 모래 같이 많더
라 그들이 올라와 벧아웬 동쪽 믹마스에
진 치매

5

6 이스라엘 사람들이 위급함을 보고 절
박하여 굴과 수풀과 바위 틈과 은밀한 곳
과 웅덩이에 숨으며

6

7 어떤 히브리 사람들은 요단을 건너 갓
과 길르앗 땅으로 가되 사울은 아직 길갈
에 있고 그를 따른 모든 백성은 떨더라

7

8 사울은 사무엘이 정한 기한대로 이레
동안을 기다렸으나 사무엘이 길갈로 오
지 아니하매 백성이 사울에게서 흩어지
는지라

8

9 사울이 이르되 번제와 화목제물을 이
리로 가져오라 하여 번제를 드렸더니

9

10 번제 드리기를 마치자 사무엘이 온지
라 사울이 나가 맞으며 문안하매

10

11 사무엘이 이르되 왕이 행하신 것이 무
엇이냐 하니 사울이 이르되 백성은 내게
서 흩어지고 당신은 정한 날 안에 오지 아
니하고 블레셋 사람은 믹마스에 모였음
을 내가 보았으므로

11

12 이에 내가 이르기를 블레셋 사람들이
나를 치러 길갈로 내려오겠거늘 내가 여
호와께 은혜를 간구하지 못하였다 하고
부득이하여 번제를 드렸나이다 하니라

12

13 사무엘이 사울에게 이르되 왕이 망령
되이 행하였도다 왕이 왕의 하나님 여호
와께서 왕에게 내리신 명령을 지키지 아
니하였도다 그리하였더라면 여호와께서
이스라엘 위에 왕의 나라를 영원히 세우
셨을 것이거늘

14 지금은 왕의 나라가 길지 못할 것이라
여호와께서 왕에게 명령하신 바를 왕이
지키지 아니하였으므로 여호와께서 그의
마음에 맞는 사람을 구하여 여호와께서
그를 그의 백성의 지도자로 삼으셨느니
라 하고

15 사무엘이 일어나 길갈에서 떠나 베냐
민 기브아로 올라가니라 사울이 자기와
함께 한 백성의 수를 세어 보니 육백 명
가량이라

16 사울과 그의 아들 요나단과 그들과 함
께 한 백성은 베냐민 게바에 있고 블레셋
사람들은 믹마스에 진 쳤더니

17 노략꾼들이 세 대로 블레셋 사람들의
진영에서 나와서 한 대는 오브라 길을 따
라서 수알 땅에 이르렀고

18 한 대는 벧호론 길로 향하였고 한 대
는 광야쪽으로 스보임 골짜기가 내려다
보이는 지역 길로 향하였더라

19 그 때에 이스라엘 온 땅에 철공이 없
었으니 이는 블레셋 사람들이 말하기를
히브리 사람이 칼이나 창을 만들까 두렵
다 하였음이라

20 온 이스라엘 사람들이 각기 보습이나

삽이나 도끼나 괭이를 벼리려면 블레셋
사람들에게로 내려갔었는데

21 곧 그들이 괭이나 삽이나 쇠스랑이나
도끼나 쇠채찍이 무딜 때에 그리하였으
므로

22 싸우는 날에 사울과 요나단과 함께 한
백성의 손에는 칼이나 창이 없고 오직 사
울과 그의 아들 요나단에게만 있었더라

23 블레셋 사람들의 부대가 나와서 믹마
스 어귀에 이르렀더라

요나단이 블레셋을 습격하다

14 하루는 사울의 아들 요나단이 자기
의 무기를 든 소년에게 이르되 우
리가 건너편 블레셋 사람들의 부대로 건
너가자 하고 그의 아버지에게는 아뢰지
아니하였더라

2 사울이 기브아 변두리 미그론에 있는
석류나무 아래에 머물렀고 함께 한 백성
은 육백 명 가량이며

3 아히야는 에봇을 입고 거기 있었으니
그는 이가봇의 형제 아히둡의 아들이요
비느하스의 손자요 실로에서 여호와의
제사장이 되었던 엘리의 증손이었더라
백성은 요나단이 간 줄을 알지 못하니라

4 요나단이 블레셋 사람들에게로 건너가
려 하는 어귀 사이 이쪽에는 험한 바위가
있고 저쪽에도 험한 바위가 있는데 하나의
이름은 보세스요 하나의 이름은 세네라

5 한 바위는 북쪽에서 믹마스 앞에 일어
섰고 하나는 남쪽에서 게바 앞에 일어섰

21

22

23

요나단이 블레셋을 습격하다

14

2

3

4

5

더라
6 요나단이 자기의 무기를 든 소년에게 6
이르되 우리가 이 할례 받지 않은 자들에
게로 건너가자 여호와께서 우리를 위하여
일하실까 하노라 여호와의 구원은 사람이
많고 적음에 달리지 아니하였느니라
7 무기를 든 자가 그에게 이르되 당신의 7
마음에 있는 대로 다 행하여 앞서 가소서
내가 당신과 마음을 같이 하여 따르리이
다
8 요나단이 이르되 보라 우리가 그 사람 8
들에게로 건너가서 그들에게 보이리니
9 그들이 만일 우리에게 이르기를 우리 9
가 너희에게로 가기를 기다리라 하면 우
리는 우리가 있는 곳에 가만히 서서 그들
에게로 올라가지 말 것이요
10 그들이 만일 말하기를 우리에게로 올 10
라오라 하면 우리가 올라갈 것은 여호와
께서 그들을 우리 손에 넘기셨음이니 이
것이 우리에게 표징이 되리라 하고
11 둘이 다 블레셋 사람들에게 보이매 블 11
레셋 사람이 이르되 보라 히브리 사람이
그들이 숨었던 구멍에서 나온다 하고
12 그 부대 사람들이 요나단과 그의 무기 12
를 든 자에게 이르되 우리에게로 올라오
라 너희에게 보여 줄 것이 있느니라 한지
라 요나단이 자기의 무기를 든 자에게 이
르되 나를 따라 올라오라 여호와께서 그
들을 이스라엘의 손에 넘기셨느니라 하고
13 요나단이 손 발로 기어 올라갔고 그 13

무기를 든 자도 따랐더라 블레셋 사람들
이 요나단 앞에서 엎드러지매 무기를 든
자가 따라가며 죽였으니

14 요나단과 그 무기를 든 자가 반나절
갈이 땅 안에서 처음으로 쳐죽인 자가 이
십 명 가량이라

15 들에 있는 진영과 모든 백성들이 공포
에 떨었고 부대와 노략꾼들도 떨었으며
땅도 진동하였으니 이는 큰 떨림이었더
라

블레셋 군인들이 칼로 서로를 치다

16 베냐민 기브아에 있는 사울의 파수꾼
이 바라본즉 허다한 블레셋 사람들이 무
너져 이리 저리 흩어지더라

17 사울이 자기와 함께 한 백성에게 이르
되 우리에게서 누가 나갔는지 점호하여
보라 하여 점호한즉 요나단과 그의 무기
를 든 자가 없어졌더라

18 사울이 아히야에게 이르되 하나님의
궤를 이리로 가져오라 하니 그 때에 하나
님의 궤가 이스라엘 자손과 함께 있음이
니라

19 사울이 제사장에게 말할 때에 블레셋
사람들의 진영에 소동이 점점 더한지라
사울이 제사장에게 이르되 네 손을 거두
라 하고

20 사울과 그와 함께 한 모든 백성이 모
여 전장에 가서 본즉 블레셋 사람들이 각
각 칼로 자기의 동무들을 치므로 크게 혼
란하였더라

14

15

블레셋 군인들이 칼로 서로를 치다

16

17

18

19

20

21 전에 블레셋 사람들과 함께 하던 히브
리 사람이 사방에서 블레셋 사람들과 함
께 진영에 들어왔더니 그들이 돌이켜 사
울과 요나단과 함께 한 이스라엘 사람들
과 합하였고

22 에브라임 산지에 숨었던 이스라엘 모
든 사람도 블레셋 사람들이 도망함을 듣
고 싸우러 나와서 그들을 추격하였더라

23 여호와께서 그 날에 이스라엘을 구원
하시므로 전쟁이 벧아웬을 지나니라

사울의 맹세와 요나단의 실수

24 이 날에 이스라엘 백성들이 피곤하였
으니 이는 사울이 백성에게 맹세시켜 경
계하여 이르기를 저녁 곧 내가 내 원수에
게 보복하는 때까지 아무 음식물이든지
먹는 사람은 저주를 받을지어다 하였음
이라 그러므로 모든 백성이 음식물을 맛
보지 못하고

25 그들이 다 수풀에 들어간즉 땅에 꿀이
있더라

26 백성이 수풀로 들어갈 때에 꿀이 흐르
는 것을 보고도 그들이 맹세를 두려워하
여 손을 그 입에 대는 자가 없었으나

27 요나단은 그의 아버지가 백성에게 맹
세하여 명령할 때에 듣지 못하였으므로
손에 가진 지팡이 끝을 내밀어 벌집의 꿀
을 찍고 그의 손을 돌려 입에 대매 눈이
밝아졌더라

28 그 때에 백성 중 한 사람이 말하여 이
르되 당신의 부친이 백성에게 맹세하여

21

22

23

사울의 맹세와 요나단의 실수

24

25

26

27

28

엄히 말씀하시기를 오늘 음식물을 먹는
사람은 저주를 받을지어다 하셨나이다
그러므로 백성이 피곤하였나이다 하니

29 요나단이 이르되 내 아버지께서 이 땅
을 곤란하게 하셨도다 보라 내가 이 꿀 조
금을 맛보고도 내 눈이 이렇게 밝아졌거
든

30 하물며 백성이 오늘 그 대적에게서 탈
취하여 얻은 것을 임의로 먹었더라면 블
레셋 사람을 살륙함이 더욱 많지 아니하
였겠느냐

31 그 날에 백성이 믹마스에서부터 아얄
론에 이르기까지 블레셋 사람들을 쳤으
므로 그들이 심히 피곤한지라

32 백성이 이에 탈취한 물건에 달려가서
양과 소와 송아지들을 끌어다가 그것을
땅에서 잡아 피째 먹었더니

33 무리가 사울에게 전하여 이르되 보소
서 백성이 고기를 피째 먹어 여호와께 범
죄하였나이다 사울이 이르되 너희가 믿
음 없이 행하였도다 이제 큰 돌을 내게로
굴려 오라 하고

34 또 사울이 이르되 너희는 백성 중에
흩어져 다니며 그들에게 이르기를 사람
은 각기 소와 양을 이리로 끌어다가 여기
서 잡아 먹되 피째로 먹어 여호와께 범죄
하지 말라 하라 하매 그 밤에 모든 백성이
각각 자기의 소를 끌어다가 거기서 잡으
니라

35 사울이 여호와를 위하여 제단을 쌓았

으니 이는 그가 여호와를 위하여 처음 쌓
은 제단이었더라

36 사울이 이르되 우리가 밤에 블레셋 사
람들을 추격하여 동틀 때까지 그들 중에
서 탈취하고 한 사람도 남기지 말자 무리
가 이르되 왕의 생각에 좋은 대로 하소서
할 때에 제사장이 이르되 이리로 와서 하
나님께로 나아가사이다 하매

37 사울이 하나님께 묻자오되 내가 블레
셋 사람들을 추격하리이까 주께서 그들
을 이스라엘의 손에 넘기시겠나이까 하
되 그 날에 대답하지 아니하시는지라

38 사울이 이르되 너희 군대의 지휘관들
아 다 이리로 오라 오늘 이 죄가 누구에게
있나 알아보자

39 이스라엘을 구원하신 여호와께서 살
아 계심을 두고 맹세하노니 내 아들 요나
단에게 있다 할지라도 반드시 죽으리라
하되 모든 백성 중 한 사람도 대답하지 아
니하매

40 이에 그가 온 이스라엘에게 이르되 너
희는 저쪽에 있으라 나와 내 아들 요나단
은 이쪽에 있으리라 백성이 사울에게 말
하되 왕의 생각에 좋은 대로 하소서 하니
라

41 이에 사울이 이스라엘의 하나님 여호
와께 아뢰되 원하건대 실상을 보이소서
하였더니 요나단과 사울이 뽑히고 백성
은 면한지라

42 사울이 이르되 나와 내 아들 요나단 사

36

37

38

39

40

41

42

이에 뽑으라 하였더니 요나단이 뽑히니라

43 사울이 요나단에게 이르되 네가 행한
것을 내게 말하라 요나단이 말하여 이르
되 내가 다만 내 손에 가진 지팡이 끝으로
꿀을 조금 맛보았을 뿐이오나 내가 죽을
수밖에 없나이다

44 사울이 이르되 요나단아 네가 반드시
죽으리라 그렇지 않으면 하나님이 내게
벌을 내리시고 또 내리시기를 원하노라
하니

45 백성이 사울에게 말하되 이스라엘에
이 큰 구원을 이룬 요나단이 죽겠나이까
결단코 그렇지 아니하니이다 여호와의
살아 계심을 두고 맹세하옵나니 그의 머
리털 하나도 땅에 떨어지지 아니할 것은
그가 오늘 하나님과 동역하였음이니이다
하여 백성이 요나단을 구원하여 죽지 않
게 하니라

46 사울이 블레셋 사람들 추격하기를 그
치고 올라가매 블레셋 사람들이 자기 곳
으로 돌아가니라

사울의 업적과 그 집안

47 사울이 이스라엘 왕위에 오른 후에 사
방에 있는 모든 대적 곧 모압과 암몬 자손
과 에돔과 소바의 왕들과 블레셋 사람들
을 쳤는데 향하는 곳마다 이겼고

48 용감하게 아말렉 사람들을 치고 이스
라엘을 그 약탈하는 자들의 손에서 건졌
더라

49 사울의 아들은 요나단과 이스위와 말

43

44

45

46

사울의 업적과 그 집안

47

48

49

기수아요 그의 두 딸의 이름은 이러하니
맏딸의 이름은 메랍이요 작은 딸의 이름
은 미갈이며

50 사울의 아내의 이름은 아히노암이니
아히마아스의 딸이요 그의 군사령관의
이름은 아브넬이니 사울의 숙부 넬의 아
들이며

51 사울의 아버지는 기스요 아브넬의 아
버지는 넬이니 아비엘의 아들이었더라

52 사울이 사는 날 동안에 블레셋 사람과
큰 싸움이 있었으므로 사울이 힘 센 사람
이나 용감한 사람을 보면 그들을 불러모
았더라

사울이 아말렉을 치다

15 사무엘이 사울에게 이르되 여호와
께서 나를 보내어 왕에게 기름을 부
어 그의 백성 이스라엘 위에 왕으로 삼으
셨은즉 이제 왕은 여호와의 말씀을 들으
소서

2 만군의 여호와께서 이같이 말씀하시
기를 아말렉이 이스라엘에게 행한 일 곧
애굽에서 나올 때에 길에서 대적한 일로
내가 그들을 벌하노니

3 지금 가서 아말렉을 쳐서 그들의 모든
소유를 남기지 말고 진멸하되 남녀와 소
아와 젖 먹는 아이와 우양과 낙타와 나귀
를 죽이라 하셨나이다 하니

4 사울이 백성을 소집하고 그들을 들라
임에서 세어 보니 보병이 이십만 명이요
유다 사람이 만 명이라

50
51
52
사울이 아말렉을 치다
15
2
3
4

5 사울이 아말렉 성에 이르러 골짜기에
복병시키니라

6 사울이 겐 사람에게 이르되 아말렉 사
람 중에서 떠나 가라 그들과 함께 너희를
멸하게 될까 하노라 이스라엘 모든 자손
이 애굽에서 올라올 때에 너희가 그들을
선대하였느니라 이에 겐 사람이 아말렉
사람 중에서 떠나니라

7 사울이 하윌라에서부터 애굽 앞 술에
이르기까지 아말렉 사람을 치고

8 아말렉 사람의 왕 아각을 사로잡고 칼
날로 그의 모든 백성을 진멸하였으되

9 사울과 백성이 아각과 그의 양과 소의
가장 좋은 것 또는 기름진 것과 어린 양과
모든 좋은 것을 남기고 진멸하기를 즐겨
아니하고 가치 없고 하찮은 것은 진멸하
니라

여호와께서 사울을 버리시다

10 여호와의 말씀이 사무엘에게 임하니
라 이르시되

11 내가 사울을 왕으로 세운 것을 후회하
노니 그가 돌이켜서 나를 따르지 아니하
며 내 명령을 행하지 아니하였음이니라
하신지라 사무엘이 근심하여 온 밤을 여
호와께 부르짖으니라

12 사무엘이 사울을 만나려고 아침에 일
찍이 일어났더니 어떤 사람이 사무엘에
게 말하여 이르되 사울이 갈멜에 이르러
자기를 위하여 기념비를 세우고 발길을
돌려 길갈로 내려갔다 하는지라

5

6

7

8

9

여호와께서 사울을 버리시다

10

11

12

13 사무엘이 사울에게 이른즉 사울이 그 13
에게 이르되 원하건대 당신은 여호와께
복을 받으소서 내가 여호와의 명령을 행
하였나이다 하니

14 사무엘이 이르되 그러면 내 귀에 들려 14
오는 이 양의 소리와 내게 들리는 소의 소
리는 어찌 됨이니이까 하니라

15 사울이 이르되 그것은 무리가 아말렉 15
사람에게서 끌어 온 것인데 백성이 당신
의 하나님 여호와께 제사하려 하여 양들
과 소들 중에서 가장 좋은 것을 남김이요
그 외의 것은 우리가 진멸하였나이다 하
는지라

16 사무엘이 사울에게 이르되 가만히 계 16
시옵소서 간 밤에 여호와께서 내게 이르
신 것을 왕에게 말하리이다 하니 그가 이
르되 말씀하소서

17 사무엘이 이르되 왕이 스스로 작게 여 17
길 그 때에 이스라엘 지파의 머리가 되지
아니하셨나이까 여호와께서 왕에게 기름
을 부어 이스라엘 왕을 삼으시고

18 또 여호와께서 왕을 길로 보내시며 이 18
르시기를 가서 죄인 아말렉 사람을 진멸
하되 다 없어지기까지 치라 하셨거늘

19 어찌하여 왕이 여호와의 목소리를 청 19
종하지 아니하고 탈취하기에만 급하여
여호와께서 악하게 여기시는 일을 행하
였나이까

20 사울이 사무엘에게 이르되 나는 실로 20
여호와의 목소리를 청종하여 여호와께서

보내신 길로 가서 아말렉 왕 아각을 끌어
왔고 아말렉 사람들을 진멸하였으나

21 다만 백성이 그 마땅히 멸할 것 중에
서 가장 좋은 것으로 길갈에서 당신의 하
나님 여호와께 제사하려고 양과 소를 끌
어 왔나이다 하는지라

22 사무엘이 이르되 여호와께서 번제와
다른 제사를 그의 목소리를 청종하는 것
을 좋아하심 같이 좋아하시겠나이까 순
종이 제사보다 낫고 듣는 것이 숫양의 기
름보다 나으니

23 이는 거역하는 것은 점치는 죄와 같고
완고한 것은 사신 우상에게 절하는 죄와
같음이라 왕이 여호와의 말씀을 버렸으
므로 여호와께서도 왕을 버려 왕이 되지
못하게 하셨나이다 하니

24 사울이 사무엘에게 이르되 내가 범죄
하였나이다 내가 여호와의 명령과 당신
의 말씀을 어긴 것은 내가 백성을 두려워
하여 그들의 말을 청종하였음이니이다

25 청하오니 지금 내 죄를 사하고 나와
함께 돌아가서 나로 하여금 여호와께 경
배하게 하소서 하니

26 사무엘이 사울에게 이르되 나는 왕과
함께 돌아가지 아니하리니 이는 왕이 여
호와의 말씀을 버렸으므로 여호와께서
왕을 버려 이스라엘 왕이 되지 못하게 하
셨음이니이다 하고

27 사무엘이 가려고 돌아설 때에 사울이
그의 겉옷자락을 붙잡으매 찢어진지라

21

22

23

24

25

26

27

28 사무엘이 그에게 이르되 여호와께서
오늘 이스라엘 나라를 왕에게서 떼어 왕
보다 나은 왕의 이웃에게 주셨나이다

29 이스라엘의 지존자는 거짓이나 변개
함이 없으시니 그는 사람이 아니시므로
결코 변개하지 않으심이니이다 하니

30 사울이 이르되 내가 범죄하였을지라
도 이제 청하옵나니 내 백성의 장로들 앞
과 이스라엘 앞에서 나를 높이사 나와 함
께 돌아가서 내가 당신의 하나님 여호와
께 경배하게 하소서 하더라

31 이에 사무엘이 돌이켜 사울을 따라가
매 사울이 여호와께 경배하니라

사무엘이 아각을 처형하다

32 사무엘이 이르되 너희는 아말렉 사람
의 왕 아각을 내게로 끌어 오라 하였더니
아각이 즐거이 오며 이르되 진실로 사망
의 괴로움이 지났도다 하니라

33 사무엘이 이르되 네 칼이 여인들에게
자식이 없게 한 것 같이 여인 중 네 어미
에게 자식이 없으리라 하고 그가 길갈에
서 여호와 앞에서 아각을 찍어 쪼개니라

사무엘이 다윗에게 기름을 붓다

34 이에 사무엘은 라마로 가고 사울은 사
울 기브아 자기의 집으로 올라가니라

35 사무엘이 죽는 날까지 사울을 다시 가
서 보지 아니하였으니 이는 그가 사울을
위하여 슬퍼함이었고 여호와께서는 사울
을 이스라엘 왕으로 삼으신 것을 후회하
셨더라

28

29

30

31

사무엘이 아각을 처형하다

32

33

사무엘이 다윗에게 기름을 붓다

34

35

16 여호와께서 사무엘에게 이르시되
내가 이미 사울을 버려 이스라엘
왕이 되지 못하게 하였거늘 네가 그를 위
하여 언제까지 슬퍼하겠느냐 너는 뿔에
기름을 채워 가지고 가라 내가 너를 베들
레헴 사람 이새에게로 보내리니 이는 내
가 그의 아들 중에서 한 왕을 보았느니라
하시는지라

2 사무엘이 이르되 내가 어찌 갈 수 있
으리이까 사울이 들으면 나를 죽이리이
다 하니 여호와께서 이르시되 너는 암송
아지를 끌고 가서 말하기를 내가 여호와
께 제사를 드리러 왔다 하고

3 이새를 제사에 청하라 내가 네게 행할
일을 가르치리니 내가 네게 알게 하는 자
에게 나를 위하여 기름을 부을지니라

4 사무엘이 여호와의 말씀대로 행하여
베들레헴에 이르매 성읍 장로들이 떨며 그
를 영접하여 이르되 평강을 위하여 오시나
이까

5 이르되 평강을 위함이니라 내가 여호
와께 제사하러 왔으니 스스로 성결하게
하고 와서 나와 함께 제사하자 하고 이새
와 그의 아들들을 성결하게 하고 제사에
청하니라

6 그들이 오매 사무엘이 엘리압을 보고
마음에 이르기를 여호와의 기름 부으실
자가 과연 주님 앞에 있도다 하였더니

7 여호와께서 사무엘에게 이르시되 그
의 용모와 키를 보지 말라 내가 이미 그를

16

2

3

4

5

6

7

버렸노라 내가 보는 것은 사람과 같지 아
니하니 사람은 외모를 보거니와 나 여호
와는 중심을 보느니라 하시더라

8 이새가 아비나답을 불러 사무엘 앞을
지나가게 하매 사무엘이 이르되 이도 여
호와께서 택하지 아니하셨느니라 하니

9 이새가 삼마로 지나게 하매 사무엘이
이르되 이도 여호와께서 택하지 아니하
셨느니라 하니라

10 이새가 그의 아들 일곱을 다 사무엘
앞으로 지나가게 하나 사무엘이 이새에
게 이르되 여호와께서 이들을 택하지 아
니하셨느니라 하고

11 또 사무엘이 이새에게 이르되 네 아들
들이 다 여기 있느냐 이새가 이르되 아직
막내가 남았는데 그는 양을 지키나이다
사무엘이 이새에게 이르되 사람을 보내
어 그를 데려오라 그가 여기 오기까지는
우리가 식사 자리에 앉지 아니하겠노라

12 이에 사람을 보내어 그를 데려오매 그
의 빛이 붉고 눈이 빼어나고 얼굴이 아름
답더라 여호와께서 이르시되 이가 그니
일어나 기름을 부으라 하시는지라

13 사무엘이 기름 뿔병을 가져다가 그의
형제 중에서 그에게 부었더니 이 날 이후
로 다윗이 여호와의 영에게 크게 감동되
니라 사무엘이 떠나서 라마로 가니라

사울을 섬기게 된 다윗

14 여호와의 영이 사울에게서 떠나고 여
호와께서 부리시는 악령이 그를 번뇌하

8

9

10

11

12

13

사울을 섬기게 된 다윗

14

게 한지라

15 사울의 신하들이 그에게 이르되 보소
서 하나님께서 부리시는 악령이 왕을 번
뇌하게 하온즉

16 원하건대 우리 주께서는 당신 앞에서
모시는 신하들에게 명령하여 수금을 잘
타는 사람을 구하게 하소서 하나님께서
부리시는 악령이 왕에게 이를 때에 그가
손으로 타면 왕이 나으시리이다 하는지라

17 사울이 신하에게 이르되 나를 위하여
잘 타는 사람을 구하여 내게로 데려오라
하니

18 소년 중 한 사람이 대답하여 이르되
내가 베들레헴 사람 이새의 아들을 본즉
수금을 탈 줄 알고 용기와 무용과 구변이
있는 준수한 자라 여호와께서 그와 함께
계시더이다 하더라

19 사울이 이에 전령들을 이새에게 보내
어 이르되 양 치는 네 아들 다윗을 내게로
보내라 하매

20 이새가 떡과 한 가죽부대의 포도주와
염소 새끼를 나귀에 실리고 그의 아들 다
윗을 시켜 사울에게 보내니

21 다윗이 사울에게 이르러 그 앞에 모셔
서매 사울이 그를 크게 사랑하여 자기의
무기를 드는 자로 삼고

22 또 사울이 이새에게 사람을 보내어 이
르되 원하건대 다윗을 내 앞에 모셔 서게
하라 그가 내게 은총을 얻었느니라 하니
라

15

16

17

18

19

20

21

22

23 하나님께서 부리시는 악령이 사울에
게 이를 때에 다윗이 수금을 들고 와서 손
으로 탄즉 사울이 상쾌하여 낫고 악령이
그에게서 떠나더라

골리앗이 이스라엘의 군대를 모욕하다

17 블레셋 사람들이 그들의 군대를 모
으고 싸우고자 하여 유다에 속한 소
고에 모여 소고와 아세가 사이의 에베스
담밈에 진 치매

2 사울과 이스라엘 사람들이 모여서 엘라
골짜기에 진 치고 블레셋 사람들을 대하
여 전열을 벌였으니

3 블레셋 사람들은 이쪽 산에 섰고 이스
라엘은 저쪽 산에 섰고 그 사이에는 골짜
기가 있었더라

4 블레셋 사람들의 진영에서 싸움을 돋
우는 자가 왔는데 그의 이름은 골리앗이
요 가드 사람이라 그의 키는 여섯 규빗 한
뼘이요

5 머리에는 놋 투구를 썼고 몸에는 비늘
갑옷을 입었으니 그 갑옷의 무게가 놋 오
천 세겔이며

6 그의 다리에는 놋 각반을 찼고 어깨
사이에는 놋 단창을 메었으니

7 그 창 자루는 베틀 채 같고 창 날은 철
육백 세겔이며 방패 든 자가 앞서 행하더
라

8 그가 서서 이스라엘 군대를 향하여 외
쳐 이르되 너희가 어찌하여 나와서 전열
을 벌였느냐 나는 블레셋 사람이 아니며

23

골리앗이 이스라엘의 군대를 모욕하다

17

2

3

4

5

6

7

8

너희는 사울의 신복이 아니냐 너희는 한
사람을 택하여 내게로 내려보내라

9 그가 나와 싸워서 나를 죽이면 우리가
너희의 종이 되겠고 만일 내가 이겨 그를
죽이면 너희가 우리의 종이 되어 우리를
섬길 것이니라

10 그 블레셋 사람이 또 이르되 내가 오
늘 이스라엘의 군대를 모욕하였으니 사
람을 보내어 나와 더불어 싸우게 하라 한
지라

11 사울과 온 이스라엘이 블레셋 사람의
이 말을 듣고 놀라 크게 두려워하니라

사울의 진영에 나타난 다윗

12 다윗은 유다 베들레헴 에브랏 사람 이
새라 하는 사람의 아들이었는데 이새는
사울 당시 사람 중에 나이가 많아 늙은 사
람으로서 여덟 아들이 있는 중

13 그 장성한 세 아들은 사울을 따라 싸
움에 나갔으니 싸움에 나간 세 아들의 이
름은 장자 엘리압이요 그 다음은 아비나
답이요 셋째는 삼마며

14 다윗은 막내라 장성한 세 사람은 사울
을 따랐고

15 다윗은 사울에게로 왕래하며 베들레
헴에서 그의 아버지의 양을 칠 때에

16 그 블레셋 사람이 사십 일을 조석으로
나와서 몸을 나타내었더라

17 이새가 그의 아들 다윗에게 이르되 지
금 네 형들을 위하여 이 볶은 곡식 한 에
바와 이 떡 열 덩이를 가지고 진영으로 속

9

10

11

사울의 진영에 나타난 다윗

12

13

14

15

16

17

히 가서 네 형들에게 주고
18 이 치즈 열 덩이를 가져다가 그들의
천부장에게 주고 네 형들의 안부를 살피
고 증표를 가져오라
19 그 때에 사울과 그들과 이스라엘 모든
사람들은 엘라 골짜기에서 블레셋 사람
들과 싸우는 중이더라
20 다윗이 아침에 일찍이 일어나서 양을
양 지키는 자에게 맡기고 이새가 명령한
대로 가지고 가서 진영에 이른즉 마침 군
대가 전장에 나와서 싸우려고 고함치며,
21 이스라엘과 블레셋 사람들이 전열을
벌이고 양군이 서로 대치하였더라
22 다윗이 자기의 짐을 짐 지키는 자의
손에 맡기고 군대로 달려가서 형들에게
문안하고
23 그들과 함께 말할 때에 마침 블레셋
사람의 싸움 돋우는 가드 사람 골리앗이
라 하는 자가 그 전열에서 나와서 전과 같
은 말을 하매 다윗이 들으니라
24 이스라엘 모든 사람이 그 사람을 보고
심히 두려워하여 그 앞에서 도망하며
25 이스라엘 사람들이 이르되 너희가 이
올라 온 사람을 보았느냐 참으로 이스라
엘을 모욕하러 왔도다 그를 죽이는 사람
은 왕이 많은 재물로 부하게 하고 그의 딸
을 그에게 주고 그 아버지의 집을 이스라
엘 중에서 세금을 면제하게 하시리라
26 다윗이 곁에 서 있는 사람들에게 말하
여 이르되 이 블레셋 사람을 죽여 이스라

18

19

20

21

22

23

24

25

26

엘의 치욕을 제거하는 사람에게는 어떠
한 대우를 하겠느냐 이 할례 받지 않은 블
레셋 사람이 누구이기에 살아 계시는 하
나님의 군대를 모욕하겠느냐

27 백성이 전과 같이 말하여 이르되 그를
죽이는 사람에게는 이러이러하게 하시리
라 하니라

28 큰형 엘리압이 다윗이 사람들에게 하
는 말을 들은지라 그가 다윗에게 노를 발
하여 이르되 네가 어찌하여 이리로 내려
왔느냐 들에 있는 양들을 누구에게 맡겼
느냐 나는 네 교만과 네 마음의 완악함을
아노니 네가 전쟁을 구경하러 왔도다

29 다윗이 이르되 내가 무엇을 하였나이
까 어찌 이유가 없으리이까 하고

30 돌아서서 다른 사람을 향하여 전과 같
이 말하매 백성이 전과 같이 대답하니라

31 어떤 사람이 다윗이 한 말을 듣고 그
것을 사울에게 전하였으므로 사울이 다
윗을 부른지라

32 다윗이 사울에게 말하되 그로 말미암
아 사람이 낙담하지 말 것이라 주의 종이
가서 저 블레셋 사람과 싸우리이다 하니

33 사울이 다윗에게 이르되 네가 가서 저
블레셋 사람과 싸울 수 없으리니 너는 소
년이요 그는 어려서부터 용사임이니라

34 다윗이 사울에게 말하되 주의 종이 아
버지의 양을 지킬 때에 사자나 곰이 와서
양 떼에서 새끼를 물어가면

35 내가 따라가서 그것을 치고 그 입에서

27

28

29

30

31

32

33

34

35

새끼를 건져내었고 그것이 일어나 나를
해하고자 하면 내가 그 수염을 잡고 그것
을 쳐죽였나이다

36 주의 종이 사자와 곰도 쳤은즉 살아
계시는 하나님의 군대를 모욕한 이 할례
받지 않은 블레셋 사람이리이까 그가 그
짐승의 하나와 같이 되리이다

37 또 다윗이 이르되 여호와께서 나를 사
자의 발톱과 곰의 발톱에서 건져내셨은
즉 나를 이 블레셋 사람의 손에서도 건져
내시리이다 사울이 다윗에게 이르되 가
라 여호와께서 너와 함께 계시기를 원하
노라

38 이에 사울이 자기 군복을 다윗에게 입
히고 놋 투구를 그의 머리에 씌우고 또 그
에게 갑옷을 입히매

39 다윗이 칼을 군복 위에 차고는 익숙하
지 못하므로 시험적으로 걸어 보다가 사
울에게 말하되 익숙하지 못하니 이것을
입고 가지 못하겠나이다 하고 곧 벗고

40 손에 막대기를 가지고 시내에서 매끄
러운 돌 다섯을 골라서 자기 목자의 제구
곧 주머니에 넣고 손에 물매를 가지고 블
레셋 사람에게로 나아가니라

다윗이 골리앗을 이기다

41 블레셋 사람이 방패 든 사람을 앞세우
고 다윗에게로 점점 가까이 나아가니라

42 그 블레셋 사람이 둘러보다가 다윗을
보고 업신여기니 이는 그가 젊고 붉고 용
모가 아름다움이라

36

37

38

39

40

다윗이 골리앗을 이기다

41

42

43 블레셋 사람이 다윗에게 이르되 네가
나를 개로 여기고 막대기를 가지고 내게
나아왔느냐 하고 그의 신들의 이름으로
다윗을 저주하고

44 그 블레셋 사람이 또 다윗에게 이르되
내게로 오라 내가 네 살을 공중의 새들과
들짐승들에게 주리라 하는지라

45 다윗이 블레셋 사람에게 이르되 너는
칼과 창과 단창으로 내게 나아 오거니와
나는 만군의 여호와의 이름 곧 네가 모욕
하는 이스라엘 군대의 하나님의 이름으
로 네게 나아가노라

46 오늘 여호와께서 너를 내 손에 넘기시
리니 내가 너를 쳐서 네 목을 베고 블레셋
군대의 시체를 오늘 공중의 새와 땅의 들
짐승에게 주어 온 땅으로 이스라엘에 하
나님이 계신 줄 알게 하겠고

47 또 여호와의 구원하심이 칼과 창에 있
지 아니함을 이 무리에게 알게 하리라 전
쟁은 여호와께 속한 것인즉 그가 너희를
우리 손에 넘기시리라

48 블레셋 사람이 일어나 다윗에게로 마
주 가까이 올 때에 다윗이 블레셋 사람을
향하여 빨리 달리며

49 손을 주머니에 넣어 돌을 가지고 물매
로 던져 블레셋 사람의 이마를 치매 돌이
그의 이마에 박히니 땅에 엎드러지니라

50 다윗이 이같이 물매와 돌로 블레셋 사
람을 이기고 그를 쳐죽였으나 자기 손에
는 칼이 없었더라

43

44

45

46

47

48

49

50

51 다윗이 달려가서 블레셋 사람을 밟고
그의 칼을 그 칼 집에서 빼내어 그 칼로
그를 죽이고 그의 머리를 베니 블레셋 사
람들이 자기 용사의 죽음을 보고 도망하
는지라

52 이스라엘과 유다 사람들이 일어나서
소리 지르며 블레셋 사람들을 쫓아 가이
와 에그론 성문까지 이르렀고 블레셋 사
람들의 부상자들은 사아라임 가는 길에
서부터 가드와 에그론까지 엎드러졌더라

53 이스라엘 자손이 블레셋 사람들을 쫓
다가 돌아와서 그들의 진영을 노략하였고

54 다윗은 그 블레셋 사람의 머리를 예루
살렘으로 가져가고 갑주는 자기 장막에
두니라

다윗이 사울 앞에 서다

55 사울은 다윗이 블레셋 사람을 향하여
나아감을 보고 군사령관 아브넬에게 묻되
아브넬아 이 소년이 누구의 아들이냐 아
브넬이 이르되 왕이여 왕의 사심으로 맹
세하옵나니 내가 알지 못하나이다 하매

56 왕이 이르되 너는 이 청년이 누구의
아들인가 물어보라 하였더니

57 다윗이 그 블레셋 사람을 죽이고 돌아
올 때에 그 블레셋 사람의 머리가 그의 손
에 있는 채 아브넬이 그를 사울 앞으로 인
도하니

58 사울이 그에게 묻되 소년이여 누구의
아들이냐 하니 다윗이 대답하되 나는 주
의 종 베들레헴 사람 이새의 아들이니이

51

52

53

54

다윗이 사울 앞에 서다

55

56

57

58

다 하니라

18 다윗이 사울에게 말하기를 마치매
요나단의 마음이 다윗의 마음과 하
나가 되어 요나단이 그를 자기 생명 같이
사랑하니라

2 그 날에 사울은 다윗을 머무르게 하고
그의 아버지의 집으로 다시 돌아가기를
허락하지 아니하였고

3 요나단은 다윗을 자기 생명 같이 사랑
하여 더불어 언약을 맺었으며

4 요나단이 자기가 입었던 겉옷을 벗어
다윗에게 주었고 자기의 군복과 칼과 활
과 띠도 그리하였더라

5 다윗은 사울이 보내는 곳마다 가서 지
혜롭게 행하매 사울이 그를 군대의 장으
로 삼았더니 온 백성이 합당히 여겼고 사
울의 신하들도 합당히 여겼더라

사울이 불쾌하여 다윗을 주목하다

6 무리가 돌아올 때 곧 다윗이 블레셋
사람을 죽이고 돌아올 때에 여인들이 이
스라엘 모든 성읍에서 나와서 노래하며
춤추며 소고와 경쇠를 가지고 왕 사울을
환영하는데

7 여인들이 뛰놀며 노래하여 이르되 사
울이 죽인 자는 천천이요 다윗은 만만이
로다 한지라

8 사울이 그 말에 불쾌하여 심히 노하여
이르되 다윗에게는 만만을 돌리고 내게
는 천천만 돌리니 그가 더 얻을 것이 나라
말고 무엇이냐 하고

18

2

3

4

5

사울이 불쾌하여 다윗을 주목하다

6

7

8

9 그 날 후로 사울이 다윗을 주목하였더라
10 그 이튿날 하나님께서 부리시는 악령
이 사울에게 힘 있게 내리매 그가 집 안에
서 정신 없이 떠들어대므로 다윗이 평일
과 같이 손으로 수금을 타는데 그 때에 사
울의 손에 창이 있는지라
11 그가 스스로 이르기를 내가 다윗을 벽
에 박으리라 하고 사울이 그 창을 던졌으
나 다윗이 그의 앞에서 두 번 피하였더라
12 여호와께서 사울을 떠나 다윗과 함께
계시므로 사울이 그를 두려워한지라
13 그러므로 사울이 그를 자기 곁에서 떠
나게 하고 그를 천부장으로 삼으매 그가
백성 앞에 출입하며
14 다윗이 그의 모든 일을 지혜롭게 행하
니라 여호와께서 그와 함께 계시니라
15 사울은 다윗이 크게 지혜롭게 행함을
보고 그를 두려워하였으나
16 온 이스라엘과 유다는 다윗을 사랑하
였으니 그가 자기들 앞에 출입하기 때문
이었더라

다윗이 사울의 사위가 되다

17 사울이 다윗에게 이르되 내 맏딸 메랍
을 네게 아내로 주리니 오직 너는 나를 위
하여 용기를 내어 여호와의 싸움을 싸우
라 하니 이는 그가 생각하기를 내 손을 그
에게 대지 않고 블레셋 사람들의 손을 그
에게 대게 하리라 함이라
18 다윗이 사울에게 이르되 내가 누구며
이스라엘 중에 내 친속이나 내 아버지의

9

10

11

12

13

14

15

16

다윗이 사울의 사위가 되다

17

18

집이 무엇이기에 내가 왕의 사위가 되리
이까 하였더니
19 사울의 딸 메랍을 다윗에게 줄 시기에
므홀랏 사람 아드리엘에게 아내로 주었
더라
20 사울의 딸 미갈이 다윗을 사랑하매 어
떤 사람이 사울에게 알린지라 사울이 그
일을 좋게 여겨
21 스스로 이르되 내가 딸을 그에게 주어
서 그에게 올무가 되게 하고 블레셋 사람
들의 손으로 그를 치게 하리라 하고 이에
사울이 다윗에게 이르되 네가 오늘 다시
내 사위가 되리라 하니라
22 사울이 그의 신하들에게 명령하되 너
희는 다윗에게 비밀히 말하여 이르기를
보라 왕이 너를 기뻐하시고 모든 신하도
너를 사랑하나니 그런즉 네가 왕의 사위
가 되는 것이 가하니라 하라
23 사울의 신하들이 이 말을 다윗의 귀에
전하매 다윗이 이르되 왕의 사위 되는 것
을 너희는 작은 일로 보느냐 나는 가난하
고 천한 사람이라 한지라
24 사울의 신하들이 사울에게 말하여 이
르되 다윗이 이러이러하게 말하더이다
하니
25 사울이 이르되 너희는 다윗에게 이같
이 말하기를 왕이 아무 것도 원하지 아니
하고 다만 왕의 원수의 보복으로 블레셋
사람들의 포피 백 개를 원하신다 하라 하
였으니 이는 사울의 생각에 다윗을 블레

19

20

21

22

23

24

25

셋 사람들의 손에 죽게 하리라 함이라
26 사울의 신하들이 이 말을 다윗에게 아
뢰매 다윗이 왕의 사위 되는 것을 좋게 여
기므로 결혼할 날이 차기 전에
27 다윗이 일어나서 그의 부하들과 함께
가서 블레셋 사람 이백 명을 죽이고 그들
의 포피를 가져다가 수대로 왕께 드려 왕
의 사위가 되고자 하니 사울이 그의 딸 미
갈을 다윗에게 아내로 주었더라
28 여호와께서 다윗과 함께 계심을 사울
이 보고 알았고 사울의 딸 미갈도 그를 사
랑하므로
29 사울이 다윗을 더욱더욱 두려워하여
평생에 다윗의 대적이 되니라
30 블레셋 사람들의 방백들이 싸우러 나
오면 그들이 나올 때마다 다윗이 사울의
모든 신하보다 더 지혜롭게 행하매 이에
그의 이름이 심히 귀하게 되니라

사울이 다윗을 죽이려 하다

19 사울이 그의 아들 요나단과 그의
모든 신하에게 다윗을 죽이라 말하
였더니 사울의 아들 요나단이 다윗을 심
히 좋아하므로
2 그가 다윗에게 말하여 이르되 내 아버
지 사울이 너를 죽이기를 꾀하시느니라
그러므로 이제 청하노니 아침에 조심하
여 은밀한 곳에 숨어 있으라
3 내가 나가서 네가 있는 들에서 내 아
버지 곁에 서서 네 일을 내 아버지와 말하
다가 무엇을 보면 네게 알려 주리라 하고

26

27

28

29

30

사울이 다윗을 죽이려 하다

19

2

3

4 요나단이 그의 아버지 사울에게 다윗
을 칭찬하여 이르되 원하건대 왕은 신하
다윗에게 범죄하지 마옵소서 그는 왕께
득죄하지 아니하였고 그가 왕께 행한 일
은 심히 선함이니이다

5 그가 자기 생명을 아끼지 아니하고 블
레셋 사람을 죽였고 여호와께서는 온 이
스라엘을 위하여 큰 구원을 이루셨으므
로 왕이 이를 보고 기뻐하셨거늘 어찌 까
닭 없이 다윗을 죽여 무죄한 피를 흘려 범
죄하려 하시나이까

6 사울이 요나단의 말을 듣고 맹세하되
여호와께서 살아 계심을 두고 맹세하거
니와 그가 죽임을 당하지 아니하리라

7 요나단이 다윗을 불러 그 모든 일을
그에게 알리고 요나단이 그를 사울에게
로 인도하니 그가 사울 앞에 전과 같이 있
었더라

8 전쟁이 다시 있으므로 다윗이 나가서
블레셋 사람들과 싸워 그들을 크게 쳐죽
이매 그들이 그 앞에서 도망하니라

9 사울이 손에 단창을 가지고 그의 집에
앉았을 때에 여호와께서 부리시는 악령
이 사울에게 접하였으므로 다윗이 손으
로 수금을 탈 때에

10 사울이 단창으로 다윗을 벽에 박으려
하였으나 그는 사울의 앞을 피하고 사울
의 창은 벽에 박힌지라 다윗이 그 밤에 도
피하매

11 사울이 전령들을 다윗의 집에 보내어

4

5

6

7

8

9

10

11

그를 지키다가 아침에 그를 죽이게 하려
한지라 다윗의 아내 미갈이 다윗에게 말
하여 이르되 당신이 이 밤에 당신의 생명
을 구하지 아니하면 내일에는 죽임을 당
하리라 하고

12 미갈이 다윗을 창에서 달아 내리매 그
가 피하여 도망하니라

13 미갈이 우상을 가져다가 침상에 누이
고 염소 털로 엮은 것을 그 머리에 씌우고
의복으로 그것을 덮었더니

14 사울이 전령들을 보내어 다윗을 잡으
려 하매 미갈이 이르되 그가 병들었느니
라

15 사울이 또 전령들을 보내어 다윗을 보
라 하며 이르되 그를 침상째 내게로 들고
오라 내가 그를 죽이리라

16 전령들이 들어가 본즉 침상에는 우상
이 있고 염소 털로 엮은 것이 그 머리에
있었더라

17 사울이 미갈에게 이르되 너는 어찌하여
이처럼 나를 속여 내 대적을 놓아 피하게
하였느냐 미갈이 사울에게 대답하되 그가
내게 이르기를 나를 놓아 가게 하라 어찌하
여 나로 너를 죽이게 하겠느냐 하더이다 하
니라

18 다윗이 도피하여 라마로 가서 사무엘
에게로 나아가서 사울이 자기에게 행한
일을 다 전하였고 다윗과 사무엘이 나욧
으로 가서 살았더라

19 어떤 사람이 사울에게 전하여 이르되

12
13
14
15
16
17
18
19

다윗이 라마 나욧에 있더이다 하매

20 사울이 다윗을 잡으러 전령들을 보냈
더니 그들이 선지자 무리가 예언하는 것
과 사무엘이 그들의 수령으로 선 것을 볼
때에 하나님의 영이 사울의 전령들에게
임하매 그들도 예언을 한지라

21 어떤 사람이 그것을 사울에게 알리매
사울이 다른 전령들을 보냈더니 그들도
예언을 했으므로 사울이 세 번째 다시 전
령들을 보냈더니 그들도 예언을 한지라

22 이에 사울도 라마로 가서 세구에 있는
큰 우물에 도착하여 물어 이르되 사무엘
과 다윗이 어디 있느냐 어떤 사람이 이르
되 라마 나욧에 있나이다

23 사울이 라마 나욧으로 가니라 하나님
의 영이 그에게도 임하시니 그가 라마 나
욧에 이르기까지 걸어가며 예언을 하였
으며

24 그가 또 그의 옷을 벗고 사무엘 앞에
서 예언을 하며 하루 밤낮을 벗은 몸으로
누웠더라 그러므로 속담에 이르기를 사
울도 선지자 중에 있느냐 하니라

요나단이 다윗을 돕다

20 다윗이 라마 나욧에서 도망하여
요나단에게 이르되 내가 무엇을
하였으며 내 죄악이 무엇이며 네 아버지
앞에서 내 죄가 무엇이기에 그가 내 생명
을 찾느냐

2 요나단이 그에게 이르되 결단코 아니
라 네가 죽지 아니하리라 내 아버지께서

20

21

22

23

24

요나단이 다윗을 돕다

20

2

크고 작은 일을 내게 알리지 아니하고는
행하지 아니하나니 내 아버지께서 어찌
하여 이 일은 내게 숨기리요 그렇지 아니
하니라

3 다윗이 또 맹세하여 이르되 내가 네게
은혜 받은 줄을 네 아버지께서 밝히 알고
스스로 이르기를 요나단이 슬퍼할까 두
려운즉 그에게 이것을 알리지 아니하리
라 함이니라 그러나 진실로 여호와의 살
아 계심과 네 생명을 두고 맹세하노니 나
와 죽음의 사이는 한 걸음 뿐이니라

4 요나단이 다윗에게 이르되 네 마음의
소원이 무엇이든지 내가 너를 위하여 그
것을 이루리라

5 다윗이 요나단에게 이르되 내일은 초
하루인즉 내가 마땅히 왕을 모시고 앉아
식사를 하여야 할 것이나 나를 보내어 셋
째 날 저녁까지 들에 숨게 하고

6 네 아버지께서 만일 나에 대하여 자세
히 묻거든 그 때에 너는 말하기를 다윗이
자기 성읍 베들레헴으로 급히 가기를 내
게 허락하라 간청하였사오니 이는 온 가
족을 위하여 거기서 매년제를 드릴 때가
됨이니이다 하라

7 그의 말이 좋다 하면 네 종이 평안하
려니와 그가 만일 노하면 나를 해하려고
결심한 줄을 알지니

8 그런즉 바라건대 네 종에게 인자하게
행하라 네가 네 종에게 여호와 앞에서 너
와 맹약하게 하였음이니라 그러나 내게

3

4

5

6

7

8

죄악이 있으면 네가 친히 나를 죽이라 나
를 네 아버지에게로 데려갈 이유가 무엇
이냐 하니라

9 요나단이 이르되 이 일이 결코 네게
일어나지 아니하리라 내 아버지께서 너
를 해치려 확실히 결심한 줄 알면 내가 네
게 와서 그것을 네게 이르지 아니하겠느
냐 하니

10 다윗이 요나단에게 이르되 네 아버지
께서 혹 엄하게 네게 대답하면 누가 그것
을 내게 알리겠느냐 하더라

11 요나단이 다윗에게 이르되 오라 우리
가 들로 가자 하고 두 사람이 들로 가니라

12 요나단이 다윗에게 이르되 이스라엘
의 하나님 여호와께서 증언하시거니와
내가 내일이나 모레 이맘때에 내 아버지
를 살펴서 너 다윗에게 대한 의향이 선하
면 내가 사람을 보내어 네게 알리지 않겠
느냐

13 그러나 만일 내 아버지께서 너를 해치
려 하는데도 내가 이 일을 네게 알려 주어
너를 보내어 평안히 가게 하지 아니하면
여호와께서 나 요나단에게 벌을 내리시
고 또 내리시기를 원하노라 여호와께서
내 아버지와 함께 하신 것 같이 너와 함께
하시기를 원하노니

14 너는 내가 사는 날 동안에 여호와의
인자하심을 내게 베풀어서 나를 죽지 않
게 할 뿐 아니라

15 여호와께서 너 다윗의 대적들을 지면

9

10

11

12

13

14

15

에서 다 끊어 버리신 때에도 너는 네 인자
함을 내 집에서 영원히 끊어 버리지 말라
하고
16 이에 요나단이 다윗의 집과 언약하기
를 여호와께서는 다윗의 대적들을 치실
지어다 하니라
17 다윗에 대한 요나단의 사랑이 그를 다
시 맹세하게 하였으니 이는 자기 생명을
사랑함 같이 그를 사랑함이었더라
18 요나단이 다윗에게 이르되 내일은 초
하루인즉 네 자리가 비므로 네가 없음을
자세히 물으실 것이라
19 너는 사흘 동안 있다가 빨리 내려가서
그 일이 있던 날에 숨었던 곳에 이르러 에
셀 바위 곁에 있으라
20 내가 과녁을 쏘려 함 같이 화살 셋을
그 바위 곁에 쏘고
21 아이를 보내어 가서 화살을 찾으라 하
며 내가 짐짓 아이에게 이르기를 보라 화
살이 네 이쪽에 있으니 가져오라 하거든
너는 돌아올지니 여호와께서 살아 계심을
두고 맹세하노니 네가 평안 무사할 것이요
22 만일 아이에게 이르기를 보라 화살이
네 앞쪽에 있다 하거든 네 길을 가라 여호
와께서 너를 보내셨음이니라
23 너와 내가 말한 일에 대하여는 여호와
께서 너와 나 사이에 영원토록 계시느니
라 하니라
24 다윗이 들에 숨으니라 초하루가 되매
왕이 앉아 음식을 먹을 때에

16

17

18

19

20

21

22

23

24

25 왕은 평시와 같이 벽 곁 자기 자리에
앉아 있고 요나단은 서 있고 아브넬은 사
울 곁에 앉아 있고 다윗의 자리는 비었더
라

26 그러나 그 날에는 사울이 아무 말도
하지 아니하였으니 이는 생각하기를 그
에게 무슨 사고가 있어서 부정한가보다
정녕히 부정한가보다 하였음이더니

27 이튿날 곧 그 달의 둘째 날에도 다윗
의 자리가 여전히 비었으므로 사울이 그
의 아들 요나단에게 묻되 이새의 아들이
어찌하여 어제와 오늘 식사에 나오지 아
니하느냐 하니

28 요나단이 사울에게 대답하되 다윗이
내게 베들레헴으로 가기를 간청하여

29 이르되 원하건대 나에게 가게 하라 우
리 가족이 그 성읍에서 제사할 일이 있으
므로 나의 형이 내게 오기를 명령하였으
니 내가 네게 사랑을 받거든 내가 가서 내
형들을 보게 하라 하였으므로 그가 왕의
식사 자리에 오지 아니하였나이다 하니

30 사울이 요나단에게 화를 내며 그에게
이르되 패역무도한 계집의 소생아 네가
이새의 아들을 택한 것이 네 수치와 네 어
미의 벌거벗은 수치 됨을 내가 어찌 알지
못하랴

31 이새의 아들이 땅에 사는 동안은 너와
네 나라가 든든히 서지 못하리라 그런즉
이제 사람을 보내어 그를 내게로 끌어 오
라 그는 죽어야 할 자이니라 한지라

25

26

27

28

29

30

31

32 요나단이 그의 아버지 사울에게 대답
하여 이르되 그가 죽을 일이 무엇이니이
까 무엇을 행하였나이까

33 사울이 요나단에게 단창을 던져 죽이
려 한지라 요나단이 그의 아버지가 다윗
을 죽이기로 결심한 줄 알고

34 심히 노하여 식탁에서 떠나고 그 달의
둘째 날에는 먹지 아니하였으니 이는 그
의 아버지가 다윗을 욕되게 하였으므로
다윗을 위하여 슬퍼함이었더라

35 아침에 요나단이 작은 아이를 데리고
다윗과 정한 시간에 들로 나가서

36 아이에게 이르되 달려가서 내가 쏘는
화살을 찾으라 하고 아이가 달려갈 때에
요나단이 화살을 그의 위로 지나치게 쏘
니라

37 아이가 요나단이 쏜 화살 있는 곳에
이를 즈음에 요나단이 아이 뒤에서 외쳐
이르되 화살이 네 앞쪽에 있지 아니하냐
하고

38 요나단이 아이 뒤에서 또 외치되 지체
말고 빨리 달음질하라 하매 요나단의 아
이가 화살을 주워 가지고 주인에게로 돌
아왔으나

39 그 아이는 아무것도 알지 못하고 요나
단과 다윗만 그 일을 알았더라

40 요나단이 그의 무기를 아이에게 주며
이르되 이것을 가지고 성읍으로 가라 하니

41 아이가 가매 다윗이 곧 바위 남쪽에서
일어나서 땅에 엎드려 세 번 절한 후에 서

32

33

34

35

36

37

38

39

40

41

로 입 맞추고 같이 울되 다윗이 더욱 심하
더니

42 요나단이 다윗에게 이르되 평안히 가
라 우리 두 사람이 여호와의 이름으로 맹
세하여 이르기를 여호와께서 영원히 나와
너 사이에 계시고 내 자손과 네 자손 사이
에 계시리라 하였느니라 하니 다윗은 일
어나 떠나고 요나단은 성읍으로 들어가니
라

다윗이 사울을 피하여 도망하다

21 다윗이 놉에 가서 제사장 아히멜렉
에게 이르니 아히멜렉이 떨며 다윗
을 영접하여 그에게 이르되 어찌하여 네
가 홀로 있고 함께 하는 자가 아무도 없느
냐 하니

2 다윗이 제사장 아히멜렉에게 이르되
왕이 내게 일을 명령하고 이르시기를 내
가 너를 보내는 것과 네게 명령한 일은 아
무것도 사람에게 알리지 말라 하시기로
내가 나의 소년들을 이러이러한 곳으로
오라고 말하였나이다

3 이제 당신의 수중에 무엇이 있나이까
떡 다섯 덩이나 무엇이나 있는 대로 내 손
에 주소서 하니

4 제사장이 다윗에게 대답하여 이르되
보통 떡은 내 수중에 없으나 거룩한 떡은
있나니 그 소년들이 여자를 가까이만 하
지 아니하였으면 주리라 하는지라

5 다윗이 제사장에게 대답하여 이르되
우리가 참으로 삼 일 동안이나 여자를 가

42

다윗이 사울을 피하여 도망하다

21

2

3

4

5

까이 하지 아니하였나이다 내가 떠난 길
이 보통 여행이라도 소년들의 그릇이 성
결하겠거든 하물며 오늘 그들의 그릇이
성결하지 아니하겠나이까 하매

6 제사장이 그 거룩한 떡을 주었으니 거
기는 진설병 곧 여호와 앞에서 물려 낸 떡
밖에 없었음이라 이 떡은 더운 떡을 드리
는 날에 물려 낸 것이더라

7 그 날에 사울의 신하 한 사람이 여호
와 앞에 머물러 있었는데 그는 도엑이라
이름하는 에돔 사람이요 사울의 목자장
이었더라

8 다윗이 아히멜렉에게 이르되 여기 당
신의 수중에 창이나 칼이 없나이까 왕의
일이 급하므로 내가 내 칼과 무기를 가지
지 못하였나이다 하니

9 제사장이 이르되 네가 엘라 골짜기에
서 죽인 블레셋 사람 골리앗의 칼이 보자
기에 싸여 에봇 뒤에 있으니 네가 그것을
가지려거든 가지라 여기는 그것밖에 다
른 것이 없느니라 하는지라 다윗이 이르
되 그같은 것이 또 없나니 내게 주소서 하
더라

10 그 날에 다윗이 사울을 두려워하여 일
어나 도망하여 가드 왕 아기스에게로 가
니

11 아기스의 신하들이 아기스에게 말하
되 이는 그 땅의 왕 다윗이 아니니이까 무
리가 춤추며 이 사람의 일을 노래하여 이
르되 사울이 죽인 자는 천천이요 다윗은

만만이로다 하지 아니하였나이까 한지라

12 다윗이 이 말을 그의 마음에 두고 가
드 왕 아기스를 심히 두려워하여

13 그들 앞에서 그의 행동을 변하여 미친
체하고 대문짝에 그적거리며 침을 수염
에 흘리매

14 아기스가 그의 신하에게 이르되 너희
도 보거니와 이 사람이 미치광이로다 어
찌하여 그를 내게로 데려왔느냐

15 내게 미치광이가 부족하여서 너희가
이 자를 데려다가 내 앞에서 미친 짓을 하
게 하느냐 이 자가 어찌 내 집에 들어오겠
느냐 하니라

사울이 놉의 제사장들을 죽이다

22 그러므로 다윗이 그 곳을 떠나 아
둘람 굴로 도망하매 그의 형제와
아버지의 온 집이 듣고 그리로 내려가서
그에게 이르렀고

2 환난 당한 모든 자와 빚진 모든 자와
마음이 원통한 자가 다 그에게로 모였고
그는 그들의 우두머리가 되었는데 그와
함께 한 자가 사백 명 가량이었더라

3 다윗이 거기서 모압 미스베로 가서 모
압 왕에게 이르되 하나님이 나를 위하여
어떻게 하실지를 내가 알기까지 나의 부
모가 나와서 당신들과 함께 있게 하기를
청하나이다 하고

4 부모를 인도하여 모압 왕 앞에 나아갔
더니 그들은 다윗이 요새에 있을 동안에
모압 왕과 함께 있었더라

12

13

14

15

사울이 놉의 제사장들을 죽이다

22

2

3

4

5 선지자 갓이 다윗에게 이르되 너는 이
요새에 있지 말고 떠나 유다 땅으로 들어
가라 다윗이 떠나 헤렛 수풀에 이르니라

6 사울이 다윗과 그와 함께 있는 사람들
이 나타났다 함을 들으니라 그 때에 사울
이 기브아 높은 곳에서 손에 단창을 들고
에셀 나무 아래에 앉았고 모든 신하들은
그의 곁에 섰더니

7 사울이 곁에 선 신하들에게 이르되 너
희 베냐민 사람들아 들으라 이새의 아들
이 너희에게 각기 밭과 포도원을 주며 너
희를 천부장, 백부장을 삼겠느냐

8 너희가 다 공모하여 나를 대적하며 내
아들이 이새의 아들과 맹약하였으되 내
게 고발하는 자가 하나도 없고 나를 위하
여 슬퍼하거나 내 아들이 내 신하를 선동
하여 오늘이라도 매복하였다가 나를 치려
하는 것을 내게 알리는 자가 하나도 없도
다 하니

9 그 때에 에돔 사람 도엑이 사울의 신
하 중에 섰더니 대답하여 이르되 이새의
아들이 놉에 와서 아히둡의 아들 아히멜
렉에게 이른 것을 내가 보았는데

10 아히멜렉이 그를 위하여 여호와께 묻
고 그에게 음식도 주고 블레셋 사람 골리
앗의 칼도 주더이다

11 왕이 사람을 보내어 아히둡의 아들 제
사장 아히멜렉과 그의 아버지의 온 집 곧
놉에 있는 제사장들을 부르매 그들이 다
왕께 이른지라

12 사울이 이르되 너 아히둡의 아들아 들
으라 대답하되 내 주여 내가 여기 있나이다

13 사울이 그에게 이르되 네가 어찌하여
이새의 아들과 공모하여 나를 대적하여
그에게 떡과 칼을 주고 그를 위하여 하나
님께 물어서 그에게 오늘이라도 매복하
였다가 나를 치게 하려 하였느냐 하니

14 아히멜렉이 왕에게 대답하여 이르되
왕의 모든 신하 중에 다윗 같이 충실한 자
가 누구인지요 그는 왕의 사위도 되고 왕
의 호위대장도 되고 왕실에서 존귀한 자
가 아니니이까

15 내가 그를 위하여 하나님께 물은 것이
오늘이 처음이니이까 결단코 아니니이다
원하건대 왕은 종과 종의 아비의 온 집에
아무것도 돌리지 마옵소서 왕의 종은 이
모든 크고 작은 일에 관하여 아는 것이 없
나이다 하니라

16 왕이 이르되 아히멜렉아 네가 반드시
죽을 것이요 너와 네 아비의 온 집도 그러
하리라 하고

17 왕이 좌우의 호위병에게 이르되 돌아
가서 여호와의 제사장들을 죽이라 그들
도 다윗과 합력하였고 또 그들이 다윗이
도망한 것을 알고도 내게 알리지 아니하
였음이니라 하나 왕의 신하들이 손을 들
어 여호와의 제사장들 죽이기를 싫어한
지라

18 왕이 도엑에게 이르되 너는 돌아가서
제사장들을 죽이라 하매 에돔 사람 도엑

12

13

14

15

16

17

18

이 돌아가서 제사장들을 쳐서 그 날에 세
마포 에봇 입은 자 팔십오 명을 죽였고

19 제사장들의 성읍 놉의 남녀와 아이들
과 젖 먹는 자들과 소와 나귀와 양을 칼로
쳤더라

20 아히둡의 아들 아히멜렉의 아들 중 하
나가 피하였으니 그의 이름은 아비아달
이라 그가 도망하여 다윗에게로 가서

21 사울이 여호와의 제사장들 죽인 일을
다윗에게 알리매

22 다윗이 아비아달에게 이르되 그 날에
에돔 사람 도엑이 거기 있기로 그가 반드
시 사울에게 말할 줄 내가 알았노라 네 아
버지 집의 모든 사람 죽은 것이 나의 탓이
로다

23 두려워하지 말고 내게 있으라 내 생명
을 찾는 자가 네 생명도 찾는 자니 네가
나와 함께 있으면 안전하리라 하니라

다윗이 그일라를 구원하다

23 사람들이 다윗에게 전하여 이르되
보소서 블레셋 사람이 그일라를
쳐서 그 타작 마당을 탈취하더이다 하니

2 이에 다윗이 여호와께 묻자와 이르되
내가 가서 이 블레셋 사람들을 치리이까
여호와께서 다윗에게 이르시되 가서 블
레셋 사람들을 치고 그일라를 구원하라
하시니

3 다윗의 사람들이 그에게 이르되 보소
서 우리가 유다에 있기도 두렵거든 하물
며 그일라에 가서 블레셋 사람들의 군대

19
20
21
22
23
다윗이 그일라를 구원하다
23
2
3

를 치는 일이리이까 한지라
4 다윗이 여호와께 다시 묻자온대 여호
와께서 대답하여 이르시되 일어나 그일
라로 내려가라 내가 블레셋 사람들을 네
손에 넘기리라 하신지라
5 다윗과 그의 사람들이 그일라로 가서
블레셋 사람들과 싸워 그들을 크게 쳐서
죽이고 그들의 가축을 끌어 오니라 다윗
이 이와 같이 그일라 주민을 구원하니라
6 아히멜렉의 아들 아비아달이 그일라
다윗에게로 도망할 때에 손에 에봇을 가
지고 내려왔더라
7 다윗이 그일라에 온 것을 어떤 사람이
사울에게 알리매 사울이 이르되 하나님
이 그를 내 손에 넘기셨도다 그가 문과 문
빗장이 있는 성읍에 들어갔으니 갇혔도
다
8 사울이 모든 백성을 군사로 불러모으
고 그일라로 내려가서 다윗과 그의 사람
들을 에워싸려 하더니
9 다윗은 사울이 자기를 해하려 하는 음
모를 알고 제사장 아비아달에게 이르되
에봇을 이리로 가져오라 하고
10 다윗이 이르되 이스라엘 하나님 여호
와여 사울이 나 때문에 이 성읍을 멸하려
고 그일라로 내려오기를 꾀한다 함을 주
의 종이 분명히 들었나이다
11 그일라 사람들이 나를 그의 손에 넘기
겠나이까 주의 종이 들은 대로 사울이 내
려 오겠나이까 이스라엘의 하나님 여호

와여 원하건대 주의 종에게 일러 주옵소
서 하니 여호와께서 이르시되 그가 내려
오리라 하신지라

12 다윗이 이르되 그일라 사람들이 나와
내 사람들을 사울의 손에 넘기겠나이까
하니 여호와께서 이르시되 그들이 너를
넘기리라 하신지라

13 다윗과 그의 사람 육백 명 가량이 일
어나 그일라를 떠나서 갈 수 있는 곳으로
갔더니 다윗이 그일라에서 피한 것을 어
떤 사람이 사울에게 말하매 사울이 가기
를 그치니라

14 다윗이 광야의 요새에도 있었고 또 십
광야 산골에도 머물렀으므로 사울이 매
일 찾되 하나님이 그를 그의 손에 넘기지
아니하시니라

다윗이 엔게디 요새로 피하다

15 다윗이 사울이 자기의 생명을 빼앗으
려고 나온 것을 보았으므로 그가 십 광야
수풀에 있었더니

16 사울의 아들 요나단이 일어나 수풀에
들어가서 다윗에게 이르러 그에게 하나
님을 힘 있게 의지하게 하였는데

17 곧 요나단이 그에게 이르기를 두려워
하지 말라 내 아버지 사울의 손이 네게 미
치지 못할 것이요 너는 이스라엘 왕이 되
고 나는 네 다음이 될 것을 내 아버지 사
울도 안다 하니라

18 두 사람이 여호와 앞에서 언약하고 다
윗은 수풀에 머물고 요나단은 자기 집으

12

13

14

다윗이 엔게디 요새로 피하다

15

16

17

18

로 돌아가니라

19 그 때에 십 사람들이 기브아에 이르러
사울에게 나아와 이르되 다윗이 우리와
함께 광야 남쪽 하길라 산 수풀 요새에 숨
지 아니하였나이까

20 그러하온즉 왕은 내려오시기를 원하
시는 대로 내려오소서 그를 왕의 손에 넘
길 것이 우리의 의무니이다 하니

21 사울이 이르되 너희가 나를 긍휼히 여
겼으니 여호와께 복 받기를 원하노라

22 어떤 사람이 내게 말하기를 그는 심히
지혜롭게 행동한다 하나니 너희는 가서
더 자세히 살펴서 그가 어디에 숨었으며
누가 거기서 그를 보았는지 알아보고

23 그가 숨어 있는 모든 곳을 정탐하고
실상을 내게 보고하라 내가 너희와 함께
가리니 그가 이 땅에 있으면 유다 몇 천
명 중에서라도 그를 찾아내리라 하더라

24 그들이 일어나 사울보다 먼저 십으로
가니라 다윗과 그의 사람들이 광야 남쪽
마온 광야 아라바에 있더니

25 사울과 그의 사람들이 찾으러 온 것을
어떤 사람이 다윗에게 아뢰매 이에 다윗
이 바위로 내려가 마온 황무지에 있더니
사울이 듣고 마온 황무지로 다윗을 따라
가서는

26 사울이 산 이쪽으로 가매 다윗과 그의
사람들은 산 저쪽으로 가며 다윗이 사울
을 두려워하여 급히 피하려 하였으니 이
는 사울과 그의 사람들이 다윗과 그의 사

19

20

21

22

23

24

25

26

람들을 에워싸고 잡으려 함이었더라
27 전령이 사울에게 와서 이르되 급히 오
소서 블레셋 사람들이 땅을 침노하나이
다
28 이에 사울이 다윗 뒤쫓기를 그치고 돌
아와 블레셋 사람들을 치러 갔으므로 그
곳을 셀라하마느곳이라 칭하니라
29 다윗이 거기서 올라가서 엔게디 요새
에 머무니라

다윗이 사울을 살려 주다

24 사울이 블레셋 사람을 쫓다가 돌
아오매 어떤 사람이 그에게 말하
여 이르되 보소서 다윗이 엔게디 광야에
있더이다 하니
2 사울이 온 이스라엘에서 택한 사람 삼
천 명을 거느리고 다윗과 그의 사람들을
찾으러 들염소 바위로 갈새
3 길 가 양의 우리에 이른즉 굴이 있는
지라 사울이 뒤를 보러 들어가니라 다윗
과 그의 사람들이 그 굴 깊은 곳에 있더니
4 다윗의 사람들이 이르되 보소서 여호
와께서 당신에게 이르시기를 내가 원수
를 네 손에 넘기리니 네 생각에 좋은 대로
그에게 행하라 하시더니 이것이 그 날이
니이다 하니 다윗이 일어나서 사울의 겉
옷 자락을 가만히 베니라
5 그리 한 후에 사울의 옷자락 벰으로
말미암아 다윗의 마음이 찔려
6 자기 사람들에게 이르되 내가 손을 들
어 여호와의 기름 부음을 받은 내 주를 치

27

28

29

다윗이 사울을 살려 주다

24

2

3

4

5

6

는 것은 여호와께서 금하시는 것이니 그
는 여호와의 기름 부음을 받은 자가 됨이
니라 하고

7 다윗이 이 말로 자기 사람들을 금하여
사울을 해하지 못하게 하니라 사울이 일
어나 굴에서 나가 자기 길을 가니라

8 그 후에 다윗도 일어나 굴에서 나가
사울의 뒤에서 외쳐 이르되 내 주 왕이여
하매 사울이 돌아보는지라 다윗이 땅에
엎드려 절하고

9 다윗이 사울에게 이르되 보소서 다윗
이 왕을 해하려 한다고 하는 사람들의 말
을 왕은 어찌하여 들으시나이까

10 오늘 여호와께서 굴에서 왕을 내 손에
넘기신 것을 왕이 아셨을 것이니이다 어
떤 사람이 나를 권하여 왕을 죽이라 하였
으나 내가 왕을 아껴 말하기를 나는 내 손
을 들어 내 주를 해하지 아니하리니 그는
여호와의 기름 부음을 받은 자이기 때문
이라 하였나이다

11 내 아버지여 보소서 내 손에 있는 왕
의 옷자락을 보소서 내가 왕을 죽이지 아
니하고 겉옷 자락만 베었은즉 내 손에 악
이나 죄과가 없는 줄을 오늘 아실지니이
다 왕은 내 생명을 찾아 해하려 하시나 나
는 왕에게 범죄한 일이 없나이다

12 여호와께서는 나와 왕 사이를 판단하
사 여호와께서 나를 위하여 왕에게 보복
하시려니와 내 손으로는 왕을 해하지 않
겠나이다

7

8

9

10

11

12

13 옛 속담에 말하기를 악은 악인에게서
난다 하였으니 내 손이 왕을 해하지 아니
하리이다

14 이스라엘 왕이 누구를 따라 나왔으며
누구의 뒤를 쫓나이까 죽은 개나 벼룩을
쫓음이니이다

15 그런즉 여호와께서 재판장이 되어 나
와 왕 사이에 심판하사 나의 사정을 살펴
억울함을 풀어 주시고 나를 왕의 손에서
건지시기를 원하나이다 하니라

16 다윗이 사울에게 이같이 말하기를 마
치매 사울이 이르되 내 아들 다윗아 이것
이 네 목소리냐 하고 소리를 높여 울며

17 다윗에게 이르되 나는 너를 학대하되
너는 나를 선대하니 너는 나보다 의롭도
다

18 네가 나 선대한 것을 오늘 나타냈나니
여호와께서 나를 네 손에 넘기셨으나 네
가 나를 죽이지 아니하였도다

19 사람이 그의 원수를 만나면 그를 평안
히 가게 하겠느냐 네가 오늘 내게 행한 일
로 말미암아 여호와께서 네게 선으로 갚
으시기를 원하노라

20 보라 나는 네가 반드시 왕이 될 것을
알고 이스라엘 나라가 네 손에 견고히 설
것을 아노니

21 그런즉 너는 내 후손을 끊지 아니하며
내 아버지의 집에서 내 이름을 멸하지 아
니할 것을 이제 여호와의 이름으로 내게
맹세하라 하니라

13

14

15

16

17

18

19

20

21

22 다윗이 사울에게 맹세하매 사울은 집
으로 돌아가고 다윗과 그의 사람들은 요
새로 올라가니라

사무엘이 죽다

25 사무엘이 죽으매 온 이스라엘 무
리가 모여 그를 두고 슬피 울며 라
마 그의 집에서 그를 장사한지라 다윗이
일어나 바란 광야로 내려가니라

다윗과 아비가일

2 마온에 한 사람이 있는데 그의 생업이
갈멜에 있고 심히 부하여 양이 삼천 마리
요 염소가 천 마리이므로 그가 갈멜에서
그의 양 털을 깎고 있었으니

3 그 사람의 이름은 나발이요 그의 아내
의 이름은 아비가일이라 그 여자는 총명
하고 용모가 아름다우나 남자는 완고하
고 행실이 악하며 그는 갈렙 족속이었더
라

4 다윗이 나발이 자기 양 털을 깎는다
함을 광야에서 들은지라

5 다윗이 이에 소년 열 명을 보내며 그
소년들에게 이르되 너희는 갈멜로 올라
가 나발에게 이르러 내 이름으로 그에게
문안하고

6 그 부하게 사는 자에게 이르기를 너는
평강하라 네 집도 평강하라 네 소유의 모
든 것도 평강하라

7 네게 양 털 깎는 자들이 있다 함을 이
제 내가 들었노라 네 목자들이 우리와 함
께 있었으나 우리가 그들을 해하지 아니

22
사무엘이 죽다
25
다윗과 아비가일
2
3
4
5
6
7

하였고 그들이 갈멜에 있는 동안에 그들
의 것을 하나도 잃지 아니하였나니

8 네 소년들에게 물으면 그들이 네게 말
하리라 그런즉 내 소년들이 네게 은혜를
얻게 하라 우리가 좋은 날에 왔은즉 네 손
에 있는 대로 네 종들과 네 아들 다윗에게
주기를 원하노라 하더라 하라

9 다윗의 소년들이 가서 다윗의 이름으
로 이 모든 말을 나발에게 말하기를 마치
매

10 나발이 다윗의 사환들에게 대답하여
이르되 다윗은 누구며 이새의 아들은 누
구냐 요즈음에 각기 주인에게서 억지로
떠나는 종이 많도다

11 내가 어찌 내 떡과 물과 내 양 털 깎는
자를 위하여 잡은 고기를 가져다가 어디
서 왔는지도 알지 못하는 자들에게 주겠
느냐 한지라

12 이에 다윗의 소년들이 돌아서 자기 길
로 행하여 돌아와 이 모든 말을 그에게 전
하매

13 다윗이 자기 사람들에게 이르되 너희
는 각기 칼을 차라 하니 각기 칼을 차매
다윗도 자기 칼을 차고 사백 명 가량은 데
리고 올라가고 이백 명은 소유물 곁에 있
게 하니라

14 하인들 가운데 하나가 나발의 아내 아
비가일에게 말하여 이르되 다윗이 우리
주인에게 문안하러 광야에서 전령들을
보냈거늘 주인이 그들을 모욕하였나이다

8

9

10

11

12

13

14

15 우리가 들에 있어 그들과 상종할 동안 15
에 그 사람들이 우리를 매우 선대하였으
므로 우리가 다치거나 잃은 것이 없었으
니

16 우리가 양을 지키는 동안에 그들이 우 16
리와 함께 있어 밤낮 우리에게 담이 되었
음이라

17 그런즉 이제 당신은 어떻게 할지를 알 17
아 생각하실지니 이는 다윗이 우리 주인
과 주인의 온 집을 해하기로 결정하였음
이니이다 주인은 불량한 사람이라 더불
어 말할 수 없나이다 하는지라

18 아비가일이 급히 떡 이백 덩이와 포도 18
주 두 가죽 부대와 잡아서 요리한 양 다섯
마리와 볶은 곡식 다섯 세아와 건포도 백
송이와 무화과 뭉치 이백 개를 가져다가
나귀들에게 싣고

19 소년들에게 이르되 나를 앞서 가라 나 19
는 너희 뒤에 가리라 하고 그의 남편 나발
에게는 말하지 아니하니라

20 아비가일이 나귀를 타고 산 호젓한 곳 20
을 따라 내려가더니 다윗과 그의 사람들
이 자기에게로 마주 내려오는 것을 만나
니라

21 다윗이 이미 말하기를 내가 이 자의 21
소유물을 광야에서 지켜 그 모든 것을 하
나도 손실이 없게 한 것이 진실로 허사라
그가 악으로 나의 선을 갚는도다

22 내가 그에게 속한 모든 남자 가운데 22
한 사람이라도 아침까지 남겨 두면 하나

님은 다윗에게 벌을 내리시고 또 내리시
기를 원하노라 하였더라

23 아비가일이 다윗을 보고 급히 나귀에
서 내려 다윗 앞에 엎드려 그의 얼굴을 땅
에 대니라

24 그가 다윗의 발에 엎드려 이르되 내
주여 원하건대 이 죄악을 나 곧 내게로 돌
리시고 여종에게 주의 귀에 말하게 하시
고 이 여종의 말을 들으소서

25 원하옵나니 내 주는 이 불량한 사람
나발을 개의치 마옵소서 그의 이름이 그
에게 적당하니 그의 이름이 나발이라 그
는 미련한 자니이다 여종은 내 주께서 보
내신 소년들을 보지 못하였나이다

26 내 주여 여호와께서 살아 계심을 두고
맹세하노니 내 주도 살아 계시거니와 내
주의 손으로 피를 흘려 친히 보복하시는
일을 여호와께서 막으셨으니 내 주의 원
수들과 내 주를 해하려 하는 자들은 나발
과 같이 되기를 원하나이다

27 여종이 내 주께 가져온 이 예물을 내
주를 따르는 이 소년들에게 주게 하시고

28 주의 여종의 허물을 용서하여 주옵소
서 여호와께서 반드시 내 주를 위하여 든
든한 집을 세우시리니 이는 내 주께서 여
호와의 싸움을 싸우심이요 내 주의 일생
에 내 주에게서 악한 일을 찾을 수 없음이
니이다

29 사람이 일어나서 내 주를 쫓아 내 주
의 생명을 찾을지라도 내 주의 생명은 내

23

24

25

26

27

28

29

주의 하나님 여호와와 함께 생명 싸개 속
에 싸였을 것이요 내 주의 원수들의 생명
은 물매로 던지듯 여호와께서 그것을 던
지시리이다

30 여호와께서 내 주에 대하여 하신 말씀 30
대로 모든 선을 내 주에게 행하사 내 주를
이스라엘의 지도자로 세우실 때에

31 내 주께서 무죄한 피를 흘리셨다든지 31
내 주께서 친히 보복하셨다든지 함으로
말미암아 슬퍼하실 것도 없고 내 주의 마
음에 걸리는 것도 없으시리니 다만 여호
와께서 내 주를 후대하실 때에 원하건대
내 주의 여종을 생각하소서 하니라

32 다윗이 아비가일에게 이르되 오늘 너 32
를 보내어 나를 영접하게 하신 이스라엘
의 하나님 여호와를 찬송할지로다

33 또 네 지혜를 칭찬할지며 또 네게 복 33
이 있을지로다 오늘 내가 피를 흘릴 것과
친히 복수하는 것을 네가 막았느니라

34 나를 막아 너를 해하지 않게 하신 이스 34
라엘의 하나님 여호와의 살아 계심을 두고
맹세하노니 네가 급히 와서 나를 영접하지
아니하였더면 밝는 아침에는 과연 나발에
게 한 남자도 남겨 두지 아니하였으리라 하
니라

35 다윗이 그가 가져온 것을 그의 손에서 35
받고 그에게 이르되 네 집으로 평안히 올
라가라 내가 네 말을 듣고 네 청을 허락하
노라

36 아비가일이 나발에게로 돌아오니 그 36

가 왕의 잔치와 같은 잔치를 그의 집에 배
설하고 크게 취하여 마음에 기뻐하므로
아비가일이 밝는 아침까지는 아무 말도
하지 아니하다가

37 아침에 나발이 포도주에서 깬 후에 그
의 아내가 그에게 이 일을 말하매 그가 낙
담하여 몸이 돌과 같이 되었더니

38 한 열흘 후에 여호와께서 나발을 치시
매 그가 죽으니라

39 나발이 죽었다 함을 다윗이 듣고 이르
되 나발에게 당한 나의 모욕을 갚아 주사
종으로 악한 일을 하지 않게 하신 여호와
를 찬송할지로다 여호와께서 나발의 악
행을 그의 머리에 돌리셨도다 하니라 다
윗이 아비가일을 자기 아내로 삼으려고
사람을 보내어 그에게 말하게 하매

40 다윗의 전령들이 갈멜에 가서 아비가일
에게 이르러 그에게 말하여 이르되 다윗이
당신을 아내로 삼고자 하여 우리를 당신께
보내더이다 하니

41 아비가일이 일어나 몸을 굽혀 얼굴을
땅에 대고 이르되 내 주의 여종은 내 주의
전령들의 발 씻길 종이니이다 하고

42 아비가일이 급히 일어나서 나귀를 타
고 그를 뒤따르는 처녀 다섯과 함께 다윗
의 전령들을 따라가서 다윗의 아내가 되
니라

43 다윗이 또 이스르엘 아히노암을 아내
로 맞았더니 그들 두 사람이 그의 아내가
되니라

37

38

39

40

41

42

43

44 사울이 그의 딸 다윗의 아내 미갈을
갈림에 사는 라이스의 아들 발디에게 주
었더라

다윗이 또 사울을 살려 주다

26 십 사람이 기브아에 와서 사울에
게 말하여 이르되 다윗이 광야 앞
하길라 산에 숨지 아니하였나이까 하매
2 사울이 일어나 십 광야에서 다윗을 찾
으려고 이스라엘에서 택한 사람 삼천 명
과 함께 십 광야로 내려가서
3 사울이 광야 앞 하길라 산 길 가에 진
치니라 다윗이 광야에 있더니 사울이 자
기를 따라 광야로 들어옴을 알고
4 이에 다윗이 정탐꾼을 보내어 사울이
과연 이른 줄 알고
5 다윗이 일어나 사울이 진 친 곳에 이
르러 사울과 넬의 아들 군사령관 아브넬
이 머무는 곳을 본즉 사울이 진영 가운데
에 누웠고 백성은 그를 둘러 진 쳤더라
6 이에 다윗이 헷 사람 아히멜렉과 스루
야의 아들 요압의 아우 아비새에게 물어
이르되 누가 나와 더불어 진영에 내려가
서 사울에게 이르겠느냐 하니 아비새가
이르되 내가 함께 가겠나이다
7 다윗과 아비새가 밤에 그 백성에게 나
아가 본즉 사울이 진영 가운데 누워 자고
창은 머리 곁 땅에 꽂혀 있고 아브넬과 백
성들은 그를 둘러 누웠는지라
8 아비새가 다윗에게 이르되 하나님이
오늘 당신의 원수를 당신의 손에 넘기셨

44

다윗이 또 사울을 살려 주다

26

2

3

4

5

6

7

8

나이다 그러므로 청하오니 내가 창으로
그를 찔러서 단번에 땅에 꽂게 하소서 내
가 그를 두 번 찌를 것이 없으리이다 하니

9 다윗이 아비새에게 이르되 죽이지 말
라 누구든지 손을 들어 여호와의 기름 부
음 받은 자를 치면 죄가 없겠느냐 하고

10 다윗이 또 이르되 여호와께서 살아 계
심을 두고 맹세하노니 여호와께서 그를
치시리니 혹은 죽을 날이 이르거나 또는
전장에 나가서 망하리라

11 내가 손을 들어 여호와의 기름 부음
받은 자를 치는 것을 여호와께서 금하시
나니 너는 그의 머리 곁에 있는 창과 물병
만 가지고 가자 하고

12 다윗이 사울의 머리 곁에서 창과 물병
을 가지고 떠나가되 아무도 보거나 눈치
채지 못하고 깨어 있는 사람도 없었으니
이는 여호와께서 그들을 깊이 잠들게 하
셨으므로 그들이 다 잠들어 있었기 때문
이었더라

13 이에 다윗이 건너편으로 가서 멀리 산
꼭대기에 서니 거리가 멀더라

14 다윗이 백성과 넬의 아들 아브넬을 대
하여 외쳐 이르되 아브넬아 너는 대답하
지 아니하느냐 하니 아브넬이 대답하여
이르되 왕을 부르는 너는 누구냐 하더라

15 다윗이 아브넬에게 이르되 네가 용사
가 아니냐 이스라엘 가운데에 너 같은 자
가 누구냐 그러한데 네가 어찌하여 네 주
왕을 보호하지 아니하느냐 백성 가운데

한 사람이 네 주 왕을 죽이려고 들어갔었
느니라

16 네가 행한 이 일이 옳지 못하도다 여
호와께서 살아 계심을 두고 맹세하노니
여호와의 기름 부음 받은 너희 주를 보호
하지 아니하였으니 너희는 마땅히 죽을
자이니라 이제 왕의 창과 왕의 머리 곁에
있던 물병이 어디 있나 보라 하니

17 사울이 다윗의 음성을 알아 듣고 이르
되 내 아들 다윗아 이것이 네 음성이냐 하
는지라 다윗이 이르되 내 주 왕이여 내 음
성이니이다 하고

18 또 이르되 내 주는 어찌하여 주의 종
을 쫓으시나이까 내가 무엇을 하였으며
내 손에 무슨 악이 있나이까

19 원하건대 내 주 왕은 이제 종의 말을 들
으소서 만일 왕을 충동시켜 나를 해하려
하는 이가 여호와시면 여호와께서는 제물
을 받으시기를 원하나이다마는 만일 사람
들이면 그들이 여호와 앞에 저주를 받으리
니 이는 그들이 이르기를 너는 가서 다른
신들을 섬기라 하고 오늘 나를 쫓아내어
여호와의 기업에 참여하지 못하게 함이니
이다

20 그런즉 청하건대 여호와 앞에서 먼 이
곳에서 이제 나의 피가 땅에 흐르지 말게
하옵소서 이는 산에서 메추라기를 사냥
하는 자와 같이 이스라엘 왕이 한 벼룩을
수색하러 나오셨음이니이다

21 사울이 이르되 내가 범죄하였도다 내

16

17

18

19

20

21

아들 다윗아 돌아오라 네가 오늘 내 생명
을 귀하게 여겼은즉 내가 다시는 너를 해
하려 하지 아니하리라 내가 어리석은 일
을 하였으니 대단히 잘못되었도다 하는
지라

22 다윗이 대답하여 이르되 왕은 창을 보
소서 한 소년을 보내어 가져가게 하소서

23 여호와께서 사람에게 그의 공의와 신
실을 따라 갚으시리니 이는 여호와께서
오늘 왕을 내 손에 넘기셨으되 나는 손을
들어 여호와의 기름 부음을 받은 자 치기
를 원하지 아니하였음이니이다

24 오늘 왕의 생명을 내가 중히 여긴 것
같이 내 생명을 여호와께서 중히 여기셔
서 모든 환난에서 나를 구하여 내시기를
바라나이다 하니라

25 사울이 다윗에게 이르되 내 아들 다윗
아 네게 복이 있을지로다 네가 큰 일을 행
하겠고 반드시 승리를 얻으리라 하니라
다윗은 자기 길로 가고 사울은 자기 곳으
로 돌아가니라

다윗이 블레셋 땅으로 피하다

27 다윗이 그 마음에 생각하기를 내
가 후일에는 사울의 손에 붙잡히
리니 블레셋 사람들의 땅으로 피하여 들
어가는 것이 좋으리로다 사울이 이스라
엘 온 영토 내에서 다시 나를 찾다가 단념
하리니 내가 그의 손에서 벗어나리라 하
고

2 다윗이 일어나 함께 있는 사람 육백

22

23

24

25

다윗이 블레셋 땅으로 피하다

27

2

명과 더불어 가드 왕 마옥의 아들 아기스
에게로 건너가니라

3 다윗과 그의 사람들이 저마다 가족을
거느리고 가드에서 아기스와 동거하였는
데 다윗이 그의 두 아내 이스르엘 여자 아
히노암과 나발의 아내였던 갈멜 여자 아
비가일과 함께 하였더니

4 다윗이 가드에 도망한 것을 어떤 사람
이 사울에게 전하매 사울이 다시는 그를
수색하지 아니하니라

5 다윗이 아기스에게 이르되 바라건대
내가 당신께 은혜를 입었다면 지방 성읍
가운데 한 곳을 내게 주어 내가 살게 하소서
당신의 종이 어찌 당신과 함께 왕도에 살리
이까 하니

6 아기스가 그 날에 시글락을 그에게 주
었으므로 시글락이 오늘까지 유다 왕에
게 속하니라

7 다윗이 블레셋 사람들의 지방에 산 날
수는 일 년 사 개월이었더라

8 다윗과 그의 사람들이 올라가서 그술
사람과 기르스 사람과 아말렉 사람을 침
노하였으니 그들은 옛적부터 술과 애굽
땅으로 지나가는 지방의 주민이라

9 다윗이 그 땅을 쳐서 남녀를 살려두지
아니하고 양과 소와 나귀와 낙타와 의복
을 빼앗아 가지고 돌아와 아기스에게 이
르매

10 아기스가 이르되 너희가 오늘은 누구
를 침노하였느냐 하니 다윗이 이르되 유

3

4

5

6

7

8

9

10

다 네겝과 여라무엘 사람의 네겝과 겐 사
람의 네겝이니이다 하였더라

11 다윗이 그 남녀를 살려서 가드로 데려
가지 아니한 것은 그의 생각에 그들이 우
리에게 대하여 이르기를 다윗이 행한 일
이 이러하니라 하여 블레셋 사람들의 지
방에 거주하는 동안에 이같이 행하는 습
관이 있었다 할까 두려워함이었더라

12 아기스가 다윗을 믿고 말하기를 다윗
이 자기 백성 이스라엘에게 심히 미움을
받게 되었으니 그는 영원히 내 부하가 되
리라고 생각하니라

28 그 때에 블레셋 사람들이 이스라
엘과 싸우려고 군대를 모집한지라
아기스가 다윗에게 이르되 너는 밝히 알
라 너와 네 사람들이 나와 함께 나가서 군
대에 참가할 것이니라

2 다윗이 아기스에게 이르되 그러면 당
신의 종이 행할 바를 아시리이다 하니 아
기스가 다윗에게 이르되 그러면 내가 너
를 영원히 내 머리 지키는 자를 삼으리라
하니라

사울이 신접한 여인을 찾다

3 사무엘이 죽었으므로 온 이스라엘이
그를 두고 슬피 울며 그의 고향 라마에 장
사하였고 사울은 신접한 자와 박수를 그
땅에서 쫓아내었더라

4 블레셋 사람들이 모여 수넴에 이르러
진 치매 사울이 온 이스라엘을 모아 길보
아에 진 쳤더니

11

12

28

2

사울이 신접한 여인을 찾다
3

4

5 사울이 블레셋 사람들의 군대를 보고
두려워서 그의 마음이 크게 떨린지라

6 사울이 여호와께 묻자오되 여호와께
서 꿈으로도, 우림으로도, 선지자로도 그
에게 대답하지 아니하시므로

7 사울이 그의 신하들에게 이르되 나를
위하여 신접한 여인을 찾으라 내가 그리
로 가서 그에게 물으리라 하니 그의 신하
들이 그에게 이르되 보소서 엔돌에 신접
한 여인이 있나이다

8 사울이 다른 옷을 입어 변장하고 두
사람과 함께 갈새 그들이 밤에 그 여인에
게 이르러서는 사울이 이르되 청하노니
나를 위하여 신접한 술법으로 내가 네게
말하는 사람을 불러 올리라 하니

9 여인이 그에게 이르되 네가 사울이 행
한 일 곧 그가 신접한 자와 박수를 이 땅
에서 멸절시켰음을 아나니 네가 어찌하
여 내 생명에 올무를 놓아 나를 죽게 하려
느냐 하는지라

10 사울이 여호와의 이름으로 그에게 맹
세하여 이르되 여호와께서 살아 계심을
두고 맹세하노니 네가 이 일로는 벌을 당
하지 아니하리라 하니

11 여인이 이르되 내가 누구를 네게로 불
러 올리랴 하니 사울이 이르되 사무엘을
불러 올리라 하는지라

12 여인이 사무엘을 보고 큰 소리로 외치
며 사울에게 말하여 이르되 당신이 어찌
하여 나를 속이셨나이까 당신이 사울이

시니이다

13 왕이 그에게 이르되 두려워하지 말라
네가 무엇을 보았느냐 하니 여인이 사울
에게 이르되 내가 영이 땅에서 올라오는
것을 보았나이다 하는지라

14 사울이 그에게 이르되 그의 모양이 어
떠하냐 하니 그가 이르되 한 노인이 올라
오는데 그가 겉옷을 입었나이다 하더라
사울이 그가 사무엘인 줄 알고 그의 얼굴
을 땅에 대고 절하니라

15 사무엘이 사울에게 이르되 네가 어찌
하여 나를 불러 올려서 나를 성가시게 하
느냐 하니 사울이 대답하되 나는 심히 다
급하니이다 블레셋 사람들은 나를 향하
여 군대를 일으켰고 하나님은 나를 떠나
서 다시는 선지자로도, 꿈으로도 내게 대
답하지 아니하시기로 내가 행할 일을 알
아보려고 당신을 불러 올렸나이다 하더
라

16 사무엘이 이르되 여호와께서 너를 떠
나 네 대적이 되셨거늘 네가 어찌하여 내
게 묻느냐

17 여호와께서 나를 통하여 말씀하신 대
로 네게 행하사 나라를 네 손에서 떼어 네
이웃 다윗에게 주셨느니라

18 네가 여호와의 목소리를 순종하지 아
니하고 그의 진노를 아말렉에게 쏟지 아
니하였으므로 여호와께서 오늘 이 일을
네게 행하셨고

19 여호와께서 이스라엘을 너와 함께 블

레셋 사람들의 손에 넘기시리니 내일 너
와 네 아들들이 나와 함께 있으리라 여호
와께서 또 이스라엘 군대를 블레셋 사람
들의 손에 넘기시리라 하는지라

20 사울이 갑자기 땅에 완전히 엎드러지
니 이는 사무엘의 말로 말미암아 심히 두
려워함이요 또 그의 기력이 다하였으니
이는 그가 하루 밤낮을 음식을 먹지 못하
였음이니라

21 그 여인이 사울에게 이르러 그가 심히
고통 당함을 보고 그에게 이르되 여종이
왕의 말씀을 듣고 내 생명을 아끼지 아니
하고 왕이 내게 이르신 말씀을 순종하였
사오니

22 그런즉 청하건대 이제 당신도 여종의
말을 들으사 내가 왕 앞에 한 조각 떡을 드
리게 하시고 왕은 잡수시고 길 가실 때에
기력을 얻으소서 하니

23 사울이 거절하여 이르되 내가 먹지 아
니하겠노라 하니라 그의 신하들과 여인
이 강권하매 그들의 말을 듣고 땅에서 일
어나 침상에 앉으니라

24 여인의 집에 살진 송아지가 있으므로
그것을 급히 잡고 가루를 가져다가 뭉쳐
무교병을 만들고 구워서

25 사울 앞에와 그의 신하들 앞에 내놓으
니 그들이 먹고 일어나서 그 밤에 가니라

블레셋 사람들이 다윗을 좋아하지 아니하다

29 블레셋 사람들은 그들의 모든 군
대를 아벡에 모았고 이스라엘 사

20

21

22

23

24

25

블레셋 사람들이 다윗을 좋아하지 아니하다

29

람들은 이스르엘에 있는 샘 곁에 진 쳤더
라

2 블레셋 사람들의 수령들은 수백 명씩
수천 명씩 인솔하여 나아가고 다윗과 그
의 사람들은 아기스와 함께 그 뒤에서 나
아가더니

3 블레셋 사람들의 방백들이 이르되 이
히브리 사람들이 무엇을 하려느냐 하니
아기스가 블레셋 사람들의 방백들에게
이르되 이는 이스라엘 왕 사울의 신하 다
윗이 아니냐 그가 나와 함께 있은 지 여러
날 여러 해로되 그가 망명하여 온 날부터
오늘까지 내가 그의 허물을 보지 못하였
노라

4 블레셋 사람의 방백들이 그에게 노한
지라 블레셋 방백들이 그에게 이르되 이
사람을 돌려보내어 왕이 그에게 정하신
그 처소로 가게 하소서 그는 우리와 함께
싸움에 내려가지 못하리니 그가 전장에
서 우리의 대적이 될까 하나이다 그가 무
엇으로 그 주와 다시 화합하리이까 이 사
람들의 머리로 하지 아니하겠나이까

5 그들이 춤추며 노래하여 이르되 사울
이 죽인 자는 천천이요 다윗은 만만이로
다 하던 그 다윗이 아니니이까 하니

6 아기스가 다윗을 불러 그에게 이르되
여호와께서 살아 계심을 두고 맹세하노니
네가 정직하여 내게 온 날부터 오늘까지
네게 악이 있음을 보지 못하였으니 나와
함께 진중에 출입하는 것이 내 생각에는

2

3

4

5

6

좋으나 수령들이 너를 좋아하지 아니하니

7 그러므로 이제 너는 평안히 돌아가서
블레셋 사람들의 수령들에게 거슬러 보
이게 하지 말라 하니라

8 다윗이 아기스에게 이르되 내가 무엇
을 하였나이까 내가 당신 앞에 오늘까지
있는 동안에 당신이 종에게서 무엇을 보
셨기에 내가 가서 내 주 왕의 원수와 싸우
지 못하게 하시나이까 하니

9 아기스가 다윗에게 대답하여 이르되
네가 내 목전에 하나님의 전령 같이 선한
것을 내가 아나 블레셋 사람들의 방백들
은 말하기를 그가 우리와 함께 전장에 올
라가지 못하리라 하니

10 그런즉 너는 너와 함께 온 네 주의 신
하들과 더불어 새벽에 일어나라 너희는
새벽에 일어나서 밝거든 곧 떠나라 하니
라

11 이에 다윗이 자기 사람들과 더불어 아
침에 일찍이 일어나서 떠나 블레셋 사람
들의 땅으로 돌아가고 블레셋 사람들은
이스르엘로 올라가니라

다윗이 아말렉을 치다

30 다윗과 그의 사람들이 사흘 만에
시글락에 이른 때에 아말렉 사람
들이 이미 네겝과 시글락을 침노하였는
데 그들이 시글락을 쳐서 불사르고

2 거기에 있는 젊거나 늙은 여인들은 한
사람도 죽이지 아니하고 다 사로잡아 끌
고 자기 길을 갔더라

7

8

9

10

11

다윗이 아말렉을 치다

30

2

3 다윗과 그의 사람들이 성읍에 이르러
본즉 성읍이 불탔고 자기들의 아내와 자
녀들이 사로잡혔는지라

4 다윗과 그와 함께 한 백성이 울 기력
이 없도록 소리를 높여 울었더라

5 (다윗의 두 아내 이스르엘 여인 아히
노암과 갈멜 사람 나발의 아내였던 아비
가일도 사로잡혔더라)

6 백성들이 자녀들 때문에 마음이 슬퍼
서 다윗을 돌로 치자 하니 다윗이 크게 다
급하였으나 그의 하나님 여호와를 힘입
고 용기를 얻었더라

7 다윗이 아히멜렉의 아들 제사장 아비
아달에게 이르되 원하건대 에봇을 내게
로 가져오라 아비아달이 에봇을 다윗에
게로 가져가매

8 다윗이 여호와께 묻자와 이르되 내가
이 군대를 추격하면 따라잡겠나이까 하
니 여호와께서 그에게 대답하시되 그를
쫓아가라 네가 반드시 따라잡고 도로 찾
으리라

9 이에 다윗과 또 그와 함께 한 육백 명
이 가서 브솔 시내에 이르러 뒤떨어진 자
를 거기 머물게 했으되

10 곧 피곤하여 브솔 시내를 건너지 못하
는 이백 명을 머물게 했고 다윗은 사백 명
을 거느리고 쫓아가니라

11 무리가 들에서 애굽 사람 하나를 만나
그를 다윗에게로 데려다가 떡을 주어 먹
게 하며 물을 마시게 하고

3

4

5

6

7

8

9

10

11

12 그에게 무화과 뭉치에서 뗀 덩이 하나
와 건포도 두 송이를 주었으니 그가 밤낮
사흘 동안 떡도 먹지 못하였고 물도 마시
지 못하였음이니라 그가 먹고 정신을 차
리매

13 다윗이 그에게 이르되 너는 누구에게
속하였으며 어디에서 왔느냐 하니 그가
이르되 나는 애굽 소년이요 아말렉 사람
의 종이더니 사흘 전에 병이 들매 주인이
나를 버렸나이다

14 우리가 그렛 사람의 남방과 유다에 속
한 지방과 갈렙 남방을 침노하고 시글락
을 불살랐나이다

15 다윗이 그에게 이르되 네가 나를 그
군대로 인도하겠느냐 하니 그가 이르되
당신이 나를 죽이지도 아니하고 내 주인
의 수중에 넘기지도 아니하겠다고 하나
님의 이름으로 내게 맹세하소서 그리하
면 내가 당신을 그 군대로 인도하리이다
하니라

16 그가 다윗을 인도하여 내려가니 그들
이 온 땅에 편만하여 블레셋 사람들의 땅
과 유다 땅에서 크게 약탈하였음으로 말
미암아 먹고 마시며 춤추는지라

17 다윗이 새벽부터 이튿날 저물 때까지
그들을 치매 낙타를 타고 도망한 소년 사
백 명 외에는 피한 사람이 없었더라

18 다윗이 아말렉 사람들이 빼앗아 갔던
모든 것을 도로 찾고 그의 두 아내를 구원
하였고

12

13

14

15

16

17

18

19 그들이 약탈하였던 것 곧 무리의 자녀
들이나 빼앗겼던 것은 크고 작은 것을 막
론하고 아무것도 잃은 것이 없이 모두 다
윗이 도로 찾아왔고

20 다윗이 또 양 떼와 소 떼를 다 되찾았
더니 무리가 그 가축들을 앞에 몰고 가며
이르되 이는 다윗의 전리품이라 하였더
라

21 다윗이 전에 피곤하여 능히 자기를 따
르지 못하므로 브솔 시내에 머물게 한 이
백 명에게 오매 그들이 다윗과 그와 함께
한 백성을 영접하러 나오는지라 다윗이
그 백성에게 이르러 문안하매

22 다윗과 함께 갔던 자들 가운데 악한
자와 불량배들이 다 이르되 그들이 우리
와 함께 가지 아니하였은즉 우리가 도로
찾은 물건은 무엇이든지 그들에게 주지
말고 각자의 처자만 데리고 떠나가게 하
라 하는지라

23 다윗이 이르되 나의 형제들아 여호와
께서 우리를 보호하시고 우리를 치러 온
그 군대를 우리 손에 넘기셨은즉 그가 우
리에게 주신 것을 너희가 이같이 못하리
라

24 이 일에 누가 너희에게 듣겠느냐 전장
에 내려갔던 자의 분깃이나 소유물 곁에
머물렀던 자의 분깃이 동일할지니 같이
분배할 것이니라 하고

25 그 날부터 다윗이 이것으로 이스라엘
의 율례와 규례를 삼았더니 오늘까지 이

19

20

21

22

23

24

25

르니라

26 다윗이 시글락에 이르러 전리품을 그
의 친구 유다 장로들에게 보내어 이르되
보라 여호와의 원수에게서 탈취한 것을
너희에게 선사하노라 하고

27 벧엘에 있는 자와 남방 라못에 있는
자와 얏딜에 있는 자와

28 아로엘에 있는 자와 십못에 있는 자와
에스드모아에 있는 자와

29 라갈에 있는 자와 여라므엘 사람의 성
읍들에 있는 자와 겐 사람의 성읍들에 있
는 자와

30 홀마에 있는 자와 고라산에 있는 자와
아닥에 있는 자와

31 헤브론에 있는 자에게와 다윗과 그의
사람들이 왕래하던 모든 곳에 보내었더라

사울과 요나단이 죽다(대상 10:1-14)

31 블레셋 사람들이 이스라엘을 치매
이스라엘 사람들이 블레셋 사람들
앞에서 도망하여 길보아 산에서 엎드러
져 죽으니라

2 블레셋 사람들이 사울과 그의 아들들
을 추격하여 사울의 아들 요나단과 아비
나답과 말기수아를 죽이니라

3 사울이 패전하매 활 쏘는 자가 따라잡
으니 사울이 그 활 쏘는 자에게 중상을 입
은지라

4 그가 무기를 든 자에게 이르되 네 칼
을 빼어 그것으로 나를 찌르라 할례 받지
않은 자들이 와서 나를 찌르고 모욕할까

26

27

28

29

30

31

사울과 요나단이 죽다(대상 10:1-14)

31

2

3

4

두려워하노라 하나 무기를 든 자가 심히
두려워하여 감히 행하지 아니하는지라
이에 사울이 자기의 칼을 뽑아서 그 위에
엎드러지매

5 무기를 든 자가 사울이 죽음을 보고
자기도 자기 칼 위에 엎드러져 그와 함께
죽으니라

6 사울과 그의 세 아들과 무기를 든 자
와 그의 모든 사람이 다 그 날에 함께 죽
었더라

7 골짜기 저쪽에 있는 이스라엘 사람과
요단 건너쪽에 있는 자들이 이스라엘 사
람들이 도망한 것과 사울과 그의 아들들
이 죽었음을 보고 성읍들을 버리고 도망
하매 블레셋 사람들이 이르러 거기에서
사니라

8 그 이튿날 블레셋 사람들이 죽은 자를
벗기러 왔다가 사울과 그의 세 아들이 길
보아 산에서 죽은 것을 보고

9 사울의 머리를 베고 그의 갑옷을 벗기
고 자기들의 신당과 백성에게 알리기 위
하여 그것을 블레셋 사람들의 땅 사방에
보내고

10 그의 갑옷은 아스다롯의 집에 두고 그
의 시체는 벧산 성벽에 못 박으매

11 길르앗 야베스 주민들이 블레셋 사람
들이 사울에게 행한 일을 듣고

12 모든 장사들이 일어나 밤새도록 달려
가서 사울의 시체와 그의 아들들의 시체
를 벧산 성벽에서 내려 가지고 야베스에

5

6

7

8

9

10

11

12

돌아가서 거기서 불사르고

13 **그의 뼈를 가져다가 야베스 에셀 나**
무 아래에 장사하고 칠 일 동안 금식하였
더라

13

사무엘하 2 Samuel

사울이 죽은 소식을 다윗이 듣다

1 사울이 죽은 후에 다윗이 아말렉 사람
을 쳐죽이고 돌아와 다윗이 시글락에
서 이틀을 머물더니
2 사흘째 되는 날에 한 사람이 사울의
진영에서 나왔는데 그의 옷은 찢어졌고
머리에는 흙이 있더라 그가 다윗에게 나
아와 땅에 엎드려 절하매
3 다윗이 그에게 묻되 너는 어디서 왔느
냐 하니 대답하되 이스라엘 진영에서 도
망하여 왔나이다 하니라
4 다윗이 그에게 이르되 일이 어떻게 되
었느냐 너는 내게 말하라 그가 대답하되
군사가 전쟁 중에 도망하기도 하였고 무
리 가운데에 엎드러져 죽은 자도 많았고
사울과 그의 아들 요나단도 죽었나이다
하는지라
5 다윗이 자기에게 알리는 청년에게 묻
되 사울과 그의 아들 요나단이 죽은 줄을
네가 어떻게 아느냐
6 그에게 알리는 청년이 이르되 내가 우
연히 길보아 산에 올라가 보니 사울이 자
기 창에 기대고 병거와 기병은 그를 급히
따르는데
7 사울이 뒤로 돌아 나를 보고 부르시기
로 내가 대답하되 내가 여기 있나이다 한
즉

사울이 죽은 소식을 다윗이 듣다

1

2

3

4

5

6

7

8 내게 이르되 너는 누구냐 하시기로 내
가 그에게 대답하되 나는 아말렉 사람이
니이다 한즉

9 또 내게 이르시되 내 목숨이 아직 내
게 완전히 있으므로 내가 고통 중에 있나
니 청하건대 너는 내 곁에 서서 나를 죽이
라 하시기로

10 그가 엎드러진 후에는 살 수 없는 줄
을 내가 알고 그의 곁에 서서 죽이고 그의
머리에 있는 왕관과 팔에 있는 고리를 벗
겨서 내 주께로 가져왔나이다 하니라

11 이에 다윗이 자기 옷을 잡아 찢으매
함께 있는 모든 사람도 그리하고

12 사울과 그의 아들 요나단과 여호와의
백성과 이스라엘 족속이 칼에 죽음으로
말미암아 저녁 때까지 슬퍼하여 울며 금
식하니라

13 다윗이 그 소식을 전한 청년에게 묻되
너는 어디 사람이냐 대답하되 나는 아말
렉 사람 곧 외국인의 아들이니이다 하니

14 다윗이 그에게 이르되 네가 어찌하여
손을 들어 여호와의 기름 부음 받은 자 죽
이기를 두려워하지 아니하였느냐 하고

15 다윗이 청년 중 한 사람을 불러 이르
되 가까이 가서 그를 죽이라 하매 그가 치
매 곧 죽으니라

16 다윗이 그에게 이르기를 네 피가 네
머리로 돌아갈지어다 네 입이 네게 대하
여 증언하기를 내가 여호와의 기름 부음
받은 자를 죽였노라 함이니라 하였더라

8

9

10

11

12

13

14

15

16

사울과 요나단을 위한 다윗의 조가

17 다윗이 이 슬픈 노래로 사울과 그의
아들 요나단을 조상하고

18 명령하여 그것을 유다 족속에게 가르
치라 하였으니 곧 활 노래라 야살의 책에
기록되었으되

19 이스라엘아 네 영광이 산 위에서 죽임
을 당하였도다 오호라 두 용사가 엎드러
졌도다

20 이 일을 가드에도 알리지 말며 아스글
론 거리에도 전파하지 말지어다 블레셋
사람들의 딸들이 즐거워할까, 할례 받지
못한 자의 딸들이 개가를 부를까 염려로
다

21 길보아 산들아 너희 위에 이슬과 비가
내리지 아니하며 제물 낼 밭도 없을지어
다 거기서 두 용사의 방패가 버린 바 됨이
니라 곧 사울의 방패가 기름 부음을 받지
아니함 같이 됨이로다

22 죽은 자의 피에서, 용사의 기름에서
요나단의 활이 뒤로 물러가지 아니하였
으며 사울의 칼이 헛되이 돌아오지 아니
하였도다

23 사울과 요나단이 생전에 사랑스럽고
아름다운 자이러니 죽을 때에도 서로 떠
나지 아니하였도다 그들은 독수리보다
빠르고 사자보다 강하였도다

24 이스라엘 딸들아 사울을 슬퍼하여 울
지어다 그가 붉은 옷으로 너희에게 화려
하게 입혔고 금 노리개를 너희 옷에 채웠

사울과 요나단을 위한 다윗의 조가

17

18

19

20

21

22

23

24

도다

25 오호라 두 용사가 전쟁 중에 엎드러졌
도다 요나단이 네 산 위에서 죽임을 당하
였도다

26 내 형 요나단이여 내가 그대를 애통함
은 그대는 내게 심히 아름다움이라 그대
가 나를 사랑함이 기이하여 여인의 사랑
보다 더하였도다

27 오호라 두 용사가 엎드러졌으며 싸우
는 무기가 망하였도다 하였더라

다윗이 유다의 왕이 되다

2 그 후에 다윗이 여호와께 여쭈어 아뢰
되 내가 유다 한 성읍으로 올라가리이
까 여호와께서 이르시되 올라가라 다윗
이 아뢰되 어디로 가리이까 이르시되 헤
브론으로 갈지니라

2 다윗이 그의 두 아내 이스르엘 여인
아히노암과 갈멜 사람 나발의 아내였던
아비가일을 데리고 그리로 올라갈 때에

3 또 자기와 함께 한 추종자들과 그들의
가족들을 다윗이 다 데리고 올라가서 헤
브론 각 성읍에 살게 하니라

4 유다 사람들이 와서 거기서 다윗에게
기름을 부어 유다 족속의 왕으로 삼았더
라 어떤 사람이 다윗에게 말하여 이르되
사울을 장사한 사람은 길르앗 야베스 사
람들이니이다 하매

5 다윗이 길르앗 야베스 사람들에게 전
령들을 보내 그들에게 이르되 너희가 너
희 주 사울에게 이처럼 은혜를 베풀어 그

25

26

27

다윗이 유다의 왕이 되다

2

2

3

4

5

를 장사하였으니 여호와께 복을 받을지
어다
6 너희가 이 일을 하였으니 이제 여호와
께서 은혜와 진리로 너희에게 베푸시기
를 원하고 나도 이 선한 일을 너희에게 갚
으리니
7 이제 너희는 손을 강하게 하고 담대히
할지어다 너희 주 사울이 죽었고 또 유다
족속이 내게 기름을 부어 그들의 왕으로
삼았음이니라 하니라

이스보셋이 이스라엘의 왕이 되다

8 사울의 군사령관 넬의 아들 아브넬이
이미 사울의 아들 이스보셋을 데리고 마
하나임으로 건너가
9 길르앗과 아술과 이스르엘과 에브라
임과 베냐민과 온 이스라엘의 왕으로 삼
았더라
10 사울의 아들 이스보셋이 이스라엘 왕
이 될 때에 나이가 사십 세이며 두 해 동
안 왕위에 있으니라 유다 족속은 다윗을
따르니
11 다윗이 헤브론에서 유다 족속의 왕이
된 날 수는 칠 년 육 개월이더라

이스라엘과 유다의 전쟁

12 넬의 아들 아브넬과 사울의 아들 이스
보셋의 신복들은 마하나임에서 나와 기
브온에 이르고
13 스루야의 아들 요압과 다윗의 신복들
도 나와 기브온 못 가에서 그들을 만나 함
께 앉으니 이는 못 이쪽이요 그는 못 저쪽

6
7
이스보셋이 이스라엘의 왕이 되다
8
9
10
11
이스라엘과 유다의 전쟁
12
13

이라

14 아브넬이 요압에게 이르되 원하건대
청년들에게 일어나서 우리 앞에서 겨루게
하자 요압이 이르되 일어나게 하자 하매

15 그들이 일어나 그 수대로 나아가니 베
냐민과 사울의 아들 이스보셋의 편에 열
두 명이요 다윗의 신복 중에 열두 명이라

16 각기 상대방의 머리를 잡고 칼로 상대
방의 옆구리를 찌르매 일제히 쓰러진지
라 그러므로 그 곳을 헬갓 핫수림이라 일
컬었으며 기브온에 있더라

17 그 날에 싸움이 심히 맹렬하더니 아브
넬과 이스라엘 사람들이 다윗의 신복들
앞에서 패하니라

18 그 곳에 스루야의 세 아들 요압과 아
비새와 아사헬이 있었는데 아사헬의 발
은 들노루 같이 빠르더라

19 아사헬이 아브넬을 쫓아 달려가되 좌
우로 치우치지 않고 아브넬의 뒤를 쫓으니

20 아브넬이 뒤를 돌아보며 이르되 아사
헬아 너냐 대답하되 나로라

21 아브넬이 그에게 이르되 너는 왼쪽으
로나 오른쪽으로나 가서 청년 하나를 붙
잡아 그의 군복을 빼앗으라 하되 아사헬
이 그렇게 하기를 원하지 아니하고 그의
뒤를 쫓으매

22 아브넬이 다시 아사헬에게 이르되 너
는 나 쫓기를 그치라 내가 너를 쳐서 땅에
엎드러지게 할 까닭이 무엇이냐 그렇게
하면 내가 어떻게 네 형 요압을 대면하겠

14
15
16
17
18
19
20
21
22

느냐 하되
23 그가 물러가기를 거절하매 아브넬이
창 뒤 끝으로 그의 배를 찌르니 창이 그의
등을 꿰뚫고 나간지라 곧 그 곳에 엎드러
져 죽으매 아사헬이 엎드러져 죽은 곳에
이르는 자마다 머물러 섰더라
24 요압과 아비새가 아브넬의 뒤를 쫓아
기브온 거친 땅의 길 가 기아 맞은쪽 암마
산에 이를 때에 해가 졌고
25 베냐민 족속은 함께 모여 아브넬을 따
라 한 무리를 이루고 작은 산 꼭대기에 섰
더라
26 아브넬이 요압에게 외쳐 이르되 칼이
영원히 사람을 상하겠느냐 마침내 참혹
한 일이 생길 줄을 알지 못하느냐 네가 언
제 무리에게 그의 형제 쫓기를 그치라 명
령하겠느냐
27 요압이 이르되 하나님이 살아 계심을
두고 맹세하노니 네가 말하지 아니하였
더면 무리가 아침에 각각 다 돌아갔을 것
이요 그의 형제를 쫓지 아니하였으리라
하고
28 요압이 나팔을 불매 온 무리가 머물러
서고 다시는 이스라엘을 쫓아가지 아니
하고 다시는 싸우지도 아니하니라
29 아브넬과 그의 부하들이 밤새도록 걸
어서 아라바를 지나 요단을 건너 비드론
온 땅을 지나 마하나임에 이르니라
30 요압이 아브넬 쫓기를 그치고 돌아와
무리를 다 모으니 다윗의 신복 중에 열아

23

24

25

26

27

28

29

30

흡 명과 아사헬이 없어졌으나
31 다윗의 신복들이 베냐민과 아브넬에
게 속한 자들을 쳐서 삼백육십 명을 죽였
더라
32 무리가 아사헬을 들어올려 베들레헴
에 있는 그의 조상 묘에 장사하고 요압과
그의 부하들이 밤새도록 걸어서 헤브론
에 이른 때에 날이 밝았더라

3 사울의 집과 다윗의 집 사이에 전쟁이
오래매 다윗은 점점 강하여 가고 사울
의 집은 점점 약하여 가니라

다윗의 아들들(대상 3:1-4)

2 다윗이 헤브론에서 아들들을 낳았으
되 맏아들은 암논이라 이스르엘 여인 아
히노암의 소생이요
3 둘째는 길르압이라 갈멜 사람 나발의
아내였던 아비가일의 소생이요 셋째는
압살롬이라 그술 왕 달매의 딸 마아가의
아들이요
4 넷째는 아도니야라 학깃의 아들이요
다섯째는 스바댜라 아비달의 아들이요
5 여섯째는 이드르암이라 다윗의 아내
에글라의 소생이니 이들은 다윗이 헤브
론에서 낳은 자들이더라

아브넬이 이스보셋을 배반하다

6 사울의 집과 다윗의 집 사이에 전쟁이
있는 동안에 아브넬이 사울의 집에서 점
점 권세를 잡으니라
7 사울에게 첩이 있었으니 이름은 리스
바요 아야의 딸이더라 이스보셋이 아브

31

32

3

다윗의 아들들(대상 3:1-4)

2

3

4

5

아브넬이 이스보셋을 배반하다

6

7

넬에게 이르되 네가 어찌하여 내 아버지
의 첩과 통간하였느냐 하니

8 아브넬이 이스보셋의 말을 매우 분하
게 여겨 이르되 내가 유다의 개 머리냐 내
가 오늘 당신의 아버지 사울의 집과 그의
형제와 그의 친구에게 은혜를 베풀어 당
신을 다윗의 손에 내주지 아니하였거늘
당신이 오늘 이 여인에게 관한 허물을 내
게 돌리는도다

9 여호와께서 다윗에게 맹세하신 대로
내가 이루게 하지 아니하면 하나님이 아
브넬에게 벌 위에 벌을 내리심이 마땅하
니라

10 그 맹세는 곧 이 나라를 사울의 집에
서 다윗에게 옮겨서 그의 왕위를 단에서
브엘세바까지 이스라엘과 유다에 세우리
라 하신 것이니라 하매

11 이스보셋이 아브넬을 두려워하여 감
히 한 마디도 대답하지 못하니라

12 아브넬이 자기를 대신하여 전령들을
다윗에게 보내어 이르되 이 땅이 누구의
것이니이까 또 이르되 당신은 나와 더불
어 언약을 맺사이다 내 손이 당신을 도와
온 이스라엘이 당신에게 돌아가게 하리
이다 하니

13 다윗이 이르되 좋다 내가 너와 언약을
맺거니와 내가 네게 한 가지 일을 요구하
노니 나를 보러올 때에 우선 사울의 딸 미
갈을 데리고 오라 그리하지 아니하면 내
얼굴을 보지 못하리라 하고

8

9

10

11

12

13

14 다윗이 사울의 아들 이스보셋에게 전
령들을 보내 이르되 내 처 미갈을 내게로
돌리라 그는 내가 전에 블레셋 사람의 포
피 백 개로 나와 정혼한 자니라 하니

15 이스보셋이 사람을 보내 그의 남편 라
이스의 아들 발디엘에게서 그를 빼앗아
오매

16 그의 남편이 그와 함께 오되 울며 바
후림까지 따라왔더니 아브넬이 그에게
돌아가라 하매 돌아가니라

17 아브넬이 이스라엘 장로들에게 말하
여 이르되 너희가 여러 번 다윗을 너희의
임금으로 세우기를 구하였으니

18 이제 그대로 하라 여호와께서 이미 다
윗에 대하여 말씀하시기를 내가 내 종 다
윗의 손으로 내 백성 이스라엘을 구원하
여 블레셋 사람의 손과 모든 대적의 손에
서 벗어나게 하리라 하셨음이니라 하고

19 아브넬이 또 베냐민 사람의 귀에 말하
고 아브넬이 이스라엘과 베냐민의 온 집
이 선하게 여기는 모든 것을 다윗의 귀에
말하려고 헤브론으로 가니라

20 아브넬이 부하 이십 명과 더불어 헤브
론에 이르러 다윗에게 나아가니 다윗이
아브넬과 그와 함께 한 사람을 위하여 잔
치를 배설하였더라

21 아브넬이 다윗에게 말하되 내가 일어
나 가서 온 이스라엘 무리를 내 주 왕의
앞에 모아 더불어 언약을 맺게 하고 마음
에 원하시는 대로 모든 것을 다스리시게

하리이다 하니 이에 다윗이 아브넬을 보
내매 그가 평안히 가니라

아브넬이 살해되다

22 다윗의 신복들과 요압이 적군을 치고
크게 노략한 물건을 가지고 돌아오니 아
브넬은 이미 보냄을 받아 평안히 갔고 다
윗과 함께 헤브론에 있지 아니한 때라

23 요압 및 요압과 함께 한 모든 군사가
돌아오매 어떤 사람이 요압에게 말하여
이르되 넬의 아들 아브넬이 왕에게 왔더
니 왕이 보내매 그가 평안히 갔나이다 하
니

24 요압이 왕에게 나아가 이르되 어찌 하
심이니이까 아브넬이 왕에게 나아왔거늘
어찌하여 그를 보내 잘 가게 하셨나이까

25 왕도 아시려니와 넬의 아들 아브넬이
온 것은 왕을 속임이라 그가 왕이 출입하
는 것을 알고 왕이 하시는 모든 것을 알려
함이니이다 하고

26 이에 요압이 다윗에게서 나와 전령들
을 보내 아브넬을 쫓아가게 하였더니 시
라 우물 가에서 그를 데리고 돌아왔으나
다윗은 알지 못하였더라

27 아브넬이 헤브론으로 돌아오매 요압
이 더불어 조용히 말하려는 듯이 그를 데
리고 성문 안으로 들어가 거기서 배를 찔
러 죽이니 이는 자기의 동생 아사헬의 피
로 말미암음이더라

28 그 후에 다윗이 듣고 이르되 넬의 아
들 아브넬의 피에 대하여 나와 내 나라는

아브넬이 살해되다

22

23

24

25

26

27

28

여호와 앞에 영원히 무죄하니
29 그 죄가 요압의 머리와 그의 아버지의
온 집으로 돌아갈지어다 또 요압의 집에
서 백탁병자나 나병 환자나 지팡이를 의
지하는 자나 칼에 죽는 자나 양식이 떨어
진 자가 끊어지지 아니할지로다 하니라
30 요압과 그의 동생 아비새가 아브넬을
죽인 것은 그가 기브온 전쟁에서 자기 동
생 아사헬을 죽인 까닭이었더라

아브넬을 장사하다

31 다윗이 요압과 및 자기와 함께 있는
모든 백성에게 이르되 너희는 옷을 찢고
굵은 베를 띠고 아브넬 앞에서 애도하라
하니라 다윗 왕이 상여를 따라가
32 아브넬을 헤브론에 장사하고 아브넬
의 무덤에서 왕이 소리를 높여 울고 백성
도 다 우니라
33 왕이 아브넬을 위하여 애가를 지어 이
르되 아브넬의 죽음이 어찌하여 미련한
자의 죽음 같은고
34 네 손이 결박되지 아니하였고 네 발이
차꼬에 채이지 아니하였거늘 불의한 자
식의 앞에 엎드러짐 같이 네가 엎드러졌
도다 하매 온 백성이 다시 그를 슬퍼하여
우니라
35 석양에 뭇 백성이 나아와 다윗에게 음
식을 권하니 다윗이 맹세하여 이르되 만
일 내가 해 지기 전에 떡이나 다른 모든
것을 맛보면 하나님이 내게 벌 위에 벌을
내리심이 마땅하니라 하매

29

30

아브넬을 장사하다

31

32

33

34

35

36 온 백성이 보고 기뻐하며 왕이 무슨
일을 하든지 무리가 다 기뻐하므로

37 이 날에야 온 백성과 온 이스라엘이
넬의 아들 아브넬을 죽인 것이 왕이 한 것
이 아닌 줄을 아니라

38 왕이 그의 신복에게 이르되 오늘 이스
라엘의 지도자요 큰 인물이 죽은 것을 알
지 못하느냐

39 내가 기름 부음을 받은 왕이 되었으나
오늘 약하여서 스루야의 아들인 이 사람
들을 제어하기가 너무 어려우니 여호와
는 악행한 자에게 그 악한 대로 갚으실지
로다 하니라

이스보셋이 살해되다

4 사울의 아들 이스보셋은 아브넬이 헤
브론에서 죽었다 함을 듣고 손의 맥
이 풀렸고 온 이스라엘이 놀라니라

2 사울의 아들 이스보셋에게 군지휘관
두 사람이 있으니 한 사람의 이름은 바아
나요 한 사람의 이름은 레갑이라 베냐민
족속 브에롯 사람 림몬의 아들들이더라
브에롯도 베냐민 지파에 속하였으니

3 일찍이 브에롯 사람들이 깃다임으로
도망하여 오늘까지 거기에 우거함이더라

4 사울의 아들 요나단에게 다리 저는 아
들 하나가 있었으니 이름은 므비보셋이라
전에 사울과 요나단이 죽은 소식이 이스
르엘에서 올 때에 그의 나이가 다섯 살이
었는데 그 유모가 안고 도망할 때 급히 도
망하다가 아이가 떨어져 절게 되었더라

36
37
38
39
이스보셋이 살해되다
4
2
3
4

5 브에롯 사람 림몬의 아들 레갑과 바아
나가 길을 떠나 볕이 쬘 때 즈음에 이스보
셋의 집에 이르니 마침 그가 침상에서 낮
잠을 자는지라

6 레갑과 그의 형제 바아나가 밀을 가지
러 온 체하고 집 가운데로 들어가서 그의
배를 찌르고 도망하였더라

7 그들이 집에 들어가니 이스보셋이 침
실에서 침상 위에 누워 있는지라 그를 쳐
죽이고 목을 베어 그의 머리를 가지고 밤
새도록 아라바 길로 가

8 헤브론에 이르러 다윗 왕에게 이스보
셋의 머리를 드리며 아뢰되 왕의 생명을
해하려 하던 원수 사울의 아들 이스보셋
의 머리가 여기 있나이다 여호와께서 오
늘 우리 주 되신 왕의 원수를 사울과 그의
자손에게 갚으셨나이다 하니

9 다윗이 브에롯 사람 림몬의 아들 레갑
과 그의 형제 바아나에게 대답하여 그들
에게 이르되 내 생명을 여러 환난 가운데
서 건지신 여호와께서 살아 계심을 두고
맹세하노니

10 전에 사람이 내게 알리기를 보라 사울
이 죽었다 하며 그가 좋은 소식을 전하는
줄로 생각하였어도 내가 그를 잡아 시글
락에서 죽여서 그것을 그 소식을 전한 갚
음으로 삼았거든

11 하물며 악인이 의인을 그의 집 침상
위에서 죽인 것이겠느냐 그런즉 내가 악
인의 피흘린 죄를 너희에게 갚아서 너희

5

6

7

8

9

10

11

를 이 땅에서 없이하지 아니하겠느냐 하
고

12 청년들에게 명령하매 곧 그들을 죽이
고 수족을 베어 헤브론 못 가에 매달고 이
스보셋의 머리를 가져다가 헤브론에서
아브넬의 무덤에 매장하였더라

다윗이 온 이스라엘의 왕이 되다(대상 11:1-3)

5 이스라엘 모든 지파가 헤브론에 이르
러 다윗에게 나아와 이르되 보소서 우
리는 왕의 한 골육이니이다

2 전에 곧 사울이 우리의 왕이 되었을
때에도 이스라엘을 거느려 출입하게 하
신 분은 왕이시었고 여호와께서도 왕에
게 말씀하시기를 네가 내 백성 이스라엘
의 목자가 되며 네가 이스라엘의 주권자
가 되리라 하셨나이다 하니라

3 이에 이스라엘 모든 장로가 헤브론에
이르러 왕에게 나아오매 다윗 왕이 헤브
론에서 여호와 앞에 그들과 언약을 맺으
매 그들이 다윗에게 기름을 부어 이스라
엘 왕으로 삼으니라

4 다윗이 나이가 삼십 세에 왕위에 올라
사십 년 동안 다스렸으되

5 헤브론에서 칠 년 육 개월 동안 유다
를 다스렸고 예루살렘에서 삼십삼 년 동
안 온 이스라엘과 유다를 다스렸더라

다윗이 시온을 빼앗아 성을 둘러 쌓다
(대상 11:4-9; 14:1-2)

6 왕과 그의 부하들이 예루살렘으로 가
서 그 땅 주민 여부스 사람을 치려 하매

12

다윗이 온 이스라엘의 왕이 되다(대상 11:1-3)

5

2

3

4

5

다윗이 시온을 빼앗아 성을 둘러 쌓다
(대상 11:4-9; 14:1-2)

6

그 사람들이 다윗에게 이르되 네가 결코
이리로 들어오지 못하리라 맹인과 다리
저는 자라도 너를 물리치리라 하니 그들
생각에는 다윗이 이리로 들어오지 못하
리라 함이나

7 다윗이 시온 산성을 빼앗았으니 이는
다윗 성이더라

8 그 날에 다윗이 이르기를 누구든지 여
부스 사람을 치거든 물 긷는 데로 올라가
서 다윗의 마음에 미워하는 다리 저는 사
람과 맹인을 치라 하였으므로 속담이 되
어 이르기를 맹인과 다리 저는 사람은 집
에 들어오지 못하리라 하더라

9 다윗이 그 산성에 살면서 다윗 성이라
이름하고 다윗이 밀로에서부터 안으로
성을 둘러 쌓으니라

10 만군의 하나님 여호와께서 함께 계시
니 다윗이 점점 강성하여 가니라

11 두로 왕 히람이 다윗에게 사절들과 백
향목과 목수와 석수를 보내매 그들이 다
윗을 위하여 집을 지으니

12 다윗이 여호와께서 자기를 세우사 이
스라엘 왕으로 삼으신 것과 그의 백성 이
스라엘을 위하여 그 나라를 높이신 것을
알았더라

다윗의 아들과 딸들(대상 14:3-7)

13 다윗이 헤브론에서 올라온 후에 예루
살렘에서 처첩들을 더 두었으므로 아들
과 딸들이 또 다윗에게서 나니

14 예루살렘에서 그에게서 난 자들의 이

7

8

9

10

11

12

다윗의 아들과 딸들(대상 14:3-7)

13

14

름은 삼무아와 소밥과 나단과 솔로몬과
15 입할과 엘리수아와 네벡과 야비아와
16 엘리사마와 엘랴다와 엘리벨렛이었
더라

다윗이 블레셋을 쳐서 이기다(대상 14:8-17)

17 이스라엘이 다윗에게 기름을 부어 이
스라엘 왕으로 삼았다 함을 블레셋 사람
들이 듣고 블레셋 사람들이 다윗을 찾으
러 다 올라오매 다윗이 듣고 요새로 나가
니라
18 블레셋 사람들이 이미 이르러 르바임
골짜기에 가득한지라
19 다윗이 여호와께 여쭈어 이르되 내가
블레셋 사람에게로 올라가리이까 여호와
께서 그들을 내 손에 넘기시겠나이까 하
니 여호와께서 다윗에게 말씀하시되 올
라가라 내가 반드시 블레셋 사람을 네 손
에 넘기리라 하신지라
20 다윗이 바알브라심에 이르러 거기서
그들을 치고 다윗이 말하되 여호와께서
물을 흩음 같이 내 앞에서 내 대적을 흩으
셨다 하므로 그 곳 이름을 바알브라심이
라 부르니라
21 거기서 블레셋 사람들이 그들의 우상
을 버렸으므로 다윗과 그의 부하들이 치
우니라
22 블레셋 사람들이 다시 올라와서 르바
임 골짜기에 가득한지라
23 다윗이 여호와께 여쭈니 이르시되 올
라가지 말고 그들 뒤로 돌아서 뽕나무 수

15

16

다윗이 블레셋을 쳐서 이기다(대상 14:8-17)

17

18

19

20

21

22

23

풀 맞은편에서 그들을 기습하되

24 뽕나무 꼭대기에서 걸음 걷는 소리가 들리거든 곧 공격하라 그 때에 여호와가 너보다 앞서 나아가서 블레셋 군대를 치리라 하신지라

25 이에 다윗이 여호와의 명령대로 행하여 블레셋 사람을 쳐서 게바에서 게셀까지 이르니라

하나님의 궤를 다윗 성으로 옮기다

(대상 13:1-14; 15:25-16:6, 43)

6 다윗이 이스라엘에서 뽑은 무리 삼만 명을 다시 모으고

2 다윗이 일어나 자기와 함께 있는 모든 사람과 더불어 바알레유다로 가서 거기서 하나님의 궤를 메어 오려 하니 그 궤는 그룹들 사이에 좌정하신 만군의 여호와의 이름으로 불리는 것이라

3 그들이 하나님의 궤를 새 수레에 싣고 산에 있는 아비나답의 집에서 나오는데 아비나답의 아들 웃사와 아효가 그 새 수레를 모니라

4 그들이 산에 있는 아비나답의 집에서 하나님의 궤를 싣고 나올 때에 아효는 궤 앞에서 가고

5 다윗과 이스라엘 온 족속은 잣나무로 만든 여러 가지 악기와 수금과 비파와 소고와 양금과 제금으로 여호와 앞에서 연주하더라

6 그들이 나곤의 타작 마당에 이르러서는 소들이 뛰므로 웃사가 손을 들어 하나

24

25

하나님의 궤를 다윗 성으로 옮기다

(대상 13:1-14; 15:25-16:6, 43)

6

2

3

4

5

6

님의 궤를 붙들었더니

7 여호와 하나님이 웃사가 잘못함으로
말미암아 진노하사 그를 그 곳에서 치시
니 그가 거기 하나님의 궤 곁에서 죽으니
라

8 여호와께서 웃사를 치시므로 다윗이 분
하여 그 곳을 베레스웃사라 부르니 그 이름
이 오늘까지 이르니라

9 다윗이 그 날에 여호와를 두려워하여
이르되 여호와의 궤가 어찌 내게로 오리
요 하고

10 다윗이 여호와의 궤를 옮겨 다윗 성
자기에게로 메어 가기를 즐겨하지 아니
하고 가드 사람 오벧에돔의 집으로 메어
간지라

11 여호와의 궤가 가드 사람 오벧에돔의
집에 석 달을 있었는데 여호와께서 오벧
에돔과 그의 온 집에 복을 주시니라

12 어떤 사람이 다윗 왕에게 아뢰어 이르
되 여호와께서 하나님의 궤로 말미암아
오벧에돔의 집과 그의 모든 소유에 복을
주셨다 한지라 다윗이 가서 하나님의 궤
를 기쁨으로 메고 오벧에돔의 집에서 다
윗 성으로 올라갈새

13 여호와의 궤를 멘 사람들이 여섯 걸음
을 가매 다윗이 소와 살진 송아지로 제사
를 드리고

14 다윗이 여호와 앞에서 힘을 다하여 춤
을 추는데 그 때에 다윗이 베 에봇을 입었
더라

15 다윗과 온 이스라엘 족속이 즐거이 환
호하며 나팔을 불고 여호와의 궤를 메어
오니라

16 여호와의 궤가 다윗 성으로 들어올 때
에 사울의 딸 미갈이 창으로 내다보다가
다윗 왕이 여호와 앞에서 뛰놀며 춤추는
것을 보고 심중에 그를 업신여기니라

17 여호와의 궤를 메고 들어가서 다윗이
그것을 위하여 친 장막 가운데 그 준비한
자리에 그것을 두매 다윗이 번제와 화목
제를 여호와 앞에 드리니라

18 다윗이 번제와 화목제 드리기를 마치
고 만군의 여호와의 이름으로 백성에게
축복하고

19 모든 백성 곧 온 이스라엘 무리에게
남녀를 막론하고 떡 한 개와 고기 한 조각
과 건포도 떡 한 덩이씩 나누어 주매 모든
백성이 각기 집으로 돌아가니라

20 다윗이 자기의 가족에게 축복하러 돌
아오매 사울의 딸 미갈이 나와서 다윗을
맞으며 이르되 이스라엘 왕이 오늘 어떻
게 영화로우신지 방탕한 자가 염치 없이
자기의 몸을 드러내는 것처럼 오늘 그의
신복의 계집종의 눈앞에서 몸을 드러내
셨도다 하니

21 다윗이 미갈에게 이르되 이는 여호와
앞에서 한 것이니라 그가 네 아버지와 그
의 온 집을 버리시고 나를 택하사 나를 여
호와의 백성 이스라엘의 주권자로 삼으
셨으니 내가 여호와 앞에서 뛰놀리라

22 내가 이보다 더 낮아져서 스스로 천하게 보일지라도 네가 말한 바 계집종에게는 내가 높임을 받으리라 한지라

23 그러므로 사울의 딸 미갈이 죽는 날까지 그에게 자식이 없으니라

다윗과 다윗 왕국에 대한 하나님의 약속

(대상 17:1-15)

7 여호와께서 주위의 모든 원수를 무찌르사 왕으로 궁에 평안히 살게 하신 때에

2 왕이 선지자 나단에게 이르되 볼지어다 나는 백향목 궁에 살거늘 하나님의 궤는 휘장 가운데에 있도다

3 나단이 왕께 아뢰되 여호와께서 왕과 함께 계시니 마음에 있는 모든 것을 행하소서 하니라

4 그 밤에 여호와의 말씀이 나단에게 임하여 이르시되

5 가서 내 종 다윗에게 말하기를 여호와께서 이와 같이 말씀하시되 네가 나를 위하여 내가 살 집을 건축하겠느냐

6 내가 이스라엘 자손을 애굽에서 인도하여 내던 날부터 오늘까지 집에 살지 아니하고 장막과 성막 안에서 다녔나니

7 이스라엘 자손과 더불어 다니는 모든 곳에서 내가 내 백성 이스라엘을 먹이라고 명령한 이스라엘 어느 지파들 가운데 하나에게 내가 말하기를 너희가 어찌하여 나를 위하여 백향목 집을 건축하지 아니하였느냐고 말하였느냐

22

23

다윗과 다윗 왕국에 대한 하나님의 약속

(대상 17:1-15)

7

2

3

4

5

6

7

8 그러므로 이제 내 종 다윗에게 이와
같이 말하라 만군의 여호와께서 이와 같
이 말씀하시기를 내가 너를 목장 곧 양을
따르는 데에서 데려다가 내 백성 이스라
엘의 주권자로 삼고

9 네가 가는 모든 곳에서 내가 너와 함
께 있어 네 모든 원수를 네 앞에서 멸하였
은즉 땅에서 위대한 자들의 이름 같이 네
이름을 위대하게 만들어 주리라

10 내가 또 내 백성 이스라엘을 위하여
한 곳을 정하여 그를 심고 그를 거주하게
하고 다시 옮기지 못하게 하며 악한 종류
로 전과 같이 그들을 해하지 못하게 하여

11 전에 내가 사사에게 명령하여 내 백성
이스라엘을 다스리던 때와 같지 아니하
게 하고 너를 모든 원수에게서 벗어나 편
히 쉬게 하리라 여호와가 또 네게 이르노
니 여호와가 너를 위하여 집을 짓고

12 네 수한이 차서 네 조상들과 함께 누
울 때에 내가 네 몸에서 날 네 씨를 네 뒤
에 세워 그의 나라를 견고하게 하리라

13 그는 내 이름을 위하여 집을 건축할
것이요 나는 그의 나라 왕위를 영원히 견
고하게 하리라

14 나는 그에게 아버지가 되고 그는 내게
아들이 되리니 그가 만일 죄를 범하면 내
가 사람의 매와 인생의 채찍으로 징계하
려니와

15 내가 네 앞에서 물러나게 한 사울에게
서 내 은총을 빼앗은 것처럼 그에게서 빼

8

9

10

11

12

13

14

15

앗지는 아니하리라
16 네 집과 네 나라가 내 앞에서 영원히
보전되고 네 왕위가 영원히 견고하리라
하셨다 하라
17 나단이 이 모든 말씀들과 이 모든 계
시대로 다윗에게 말하니라

다윗의 기도(대상 17:16-27)

18 다윗 왕이 여호와 앞에 들어가 앉아서
이르되 주 여호와여 나는 누구이오며 내
집은 무엇이기에 나를 여기까지 이르게
하셨나이까
19 주 여호와여 주께서 이것을 오히려 적
게 여기시고 또 종의 집에 있을 먼 장래의
일까지도 말씀하셨나이다 주 여호와여
이것이 사람의 법이니이다
20 주 여호와는 주의 종을 아시오니 다윗
이 다시 주께 무슨 말씀을 하오리이까
21 주의 말씀으로 말미암아 주의 뜻대로
이 모든 큰 일을 행하사 주의 종에게 알게
하셨나이다
22 그런즉 주 여호와여 주는 위대하시니
이는 우리 귀로 들은 대로는 주와 같은 이
가 없고 주 외에는 신이 없음이니이다
23 땅의 어느 한 나라가 주의 백성 이스
라엘과 같으리이까 하나님이 가서 구속
하사 자기 백성으로 삼아 주의 명성을 내
시며 그들을 위하여 큰 일을, 주의 땅을
위하여 두려운 일을 애굽과 많은 나라들
과 그의 신들에게서 구속하신 백성 앞에
서 행하셨사오며

16

17

다윗의 기도(대상 17:16-27)

18

19

20

21

22

23

24 주께서 주의 백성 이스라엘을 세우사
영원히 주의 백성으로 삼으셨사오니 여
호와여 주께서 그들의 하나님이 되셨나
이다

25 여호와 하나님이여 이제 주의 종과 종
의 집에 대하여 말씀하신 것을 영원히 세
우시며 말씀하신 대로 행하사

26 사람이 영원히 주의 이름을 크게 높여
이르기를 만군의 여호와는 이스라엘의
하나님이라 하게 하옵시며 주의 종 다윗
의 집이 주 앞에 견고하게 하옵소서

27 만군의 여호와 이스라엘의 하나님이
여 주의 종의 귀를 여시고 이르시기를 내
가 너를 위하여 집을 세우리라 하셨으므
로 주의 종이 이 기도로 주께 간구할 마음
이 생겼나이다

28 주 여호와여 오직 주는 하나님이시며
주의 말씀들이 참되시니이다 주께서 이
좋은 것을 주의 종에게 말씀하셨사오니

29 이제 청하건대 종의 집에 복을 주사
주 앞에 영원히 있게 하옵소서 주 여호와
께서 말씀하셨사오니 주의 종의 집이 영
원히 복을 받게 하옵소서 하니라

다윗이 어디로 가든지 이기다(대상 18:1-17)

8 그 후에 다윗이 블레셋 사람들을 쳐
서 항복을 받고 블레셋 사람들의 손
에서 메덱암마를 빼앗으니라

2 다윗이 또 모압을 쳐서 그들로 땅에
엎드리게 하고 줄로 재어 그 두 줄 길이의
사람은 죽이고 한 줄 길이의 사람은 살리

24

25

26

27

28

29

다윗이 어디로 가든지 이기다(대상 18:1-17)

8

2

니 모압 사람들이 다윗의 종들이 되어 조
공을 드리니라

3 르홉의 아들 소바 왕 하닷에셀이 자기
권세를 회복하려고 유브라데 강으로 갈
때에 다윗이 그를 쳐서

4 그에게서 마병 천칠백 명과 보병 이
만 명을 사로잡고 병거 일백 대의 말만 남
기고 다윗이 그 외의 병거의 말은 다 발의
힘줄을 끊었더니

5 다메섹의 아람 사람들이 소바 왕 하닷
에셀을 도우러 온지라 다윗이 아람 사람
이만 이천 명을 죽이고

6 다윗이 다메섹 아람에 수비대를 두매
아람 사람이 다윗의 종이 되어 조공을 바
치니라 다윗이 어디로 가든지 여호와께
서 이기게 하시니라

7 다윗이 하닷에셀의 신복들이 가진 금
방패를 빼앗아 예루살렘으로 가져오고

8 또 다윗 왕이 하닷에셀의 고을 베다와
베로대에서 매우 많은 놋을 빼앗으니라

9 하맛 왕 도이가 다윗이 하닷에셀의 온
군대를 쳐서 무찔렀다 함을 듣고

10 도이가 그의 아들 요람을 보내 다윗
왕에게 문안하고 축복하게 하니 이는 하
닷에셀이 도이와 더불어 전쟁이 있던 터
에 다윗이 하닷에셀을 쳐서 무찌름이라
요람이 은 그릇과 금 그릇과 놋 그릇을 가
지고 온지라

11 다윗 왕이 그것도 여호와께 드리되 그
가 정복한 모든 나라에서 얻은 은금

12 곧 아람과 모압과 암몬 자손과 블레셋
사람과 아말렉에게서 얻은 것들과 소바
왕 르홉의 아들 하닷에셀에게서 노략한
것과 같이 드리니라
13 다윗이 소금 골짜기에서 에돔 사람 만
팔천 명을 쳐죽이고 돌아와서 명성을 떨
치니라
14 다윗이 에돔에 수비대를 두되 온 에돔
에 수비대를 두니 에돔 사람이 다 다윗의
종이 되니라 다윗이 어디로 가든지 여호
와께서 이기게 하셨더라
15 다윗이 온 이스라엘을 다스려 다윗이
모든 백성에게 정의와 공의를 행할새
16 스루야의 아들 요압은 군사령관이 되
고 아힐룻의 아들 여호사밧은 사관이 되
고
17 아히둡의 아들 사독과 아비아달의 아
들 아히멜렉은 제사장이 되고 스라야는
서기관이 되고
18 여호야다의 아들 브나야는 그렛 사람
과 블렛 사람을 관할하고 다윗의 아들들
은 대신들이 되니라

다윗과 므비보셋

9 다윗이 이르되 사울의 집에 아직도 남
은 사람이 있느냐 내가 요나단으로 말
미암아 그 사람에게 은총을 베풀리라 하
니라
2 사울의 집에는 종 한 사람이 있으니
그의 이름은 시바라 그를 다윗의 앞으로
부르매 왕이 그에게 말하되 네가 시바냐

12

13

14

15

16

17

18

다윗과 므비보셋

9

2

하니 이르되 당신의 종이니이다 하니라

3 왕이 이르되 사울의 집에 아직도 남은
사람이 없느냐 내가 그 사람에게 하나님
의 은총을 베풀고자 하노라 하니 시바가
왕께 아뢰되 요나단의 아들 하나가 있는
데 다리 저는 자니이다 하니라

4 왕이 그에게 말하되 그가 어디 있느냐
하니 시바가 왕께 아뢰되 로드발 암미엘
의 아들 마길의 집에 있나이다 하니라

5 다윗 왕이 사람을 보내어 로드발 암미
엘의 아들 마길의 집에서 그를 데려오니

6 사울의 손자 요나단의 아들 므비보셋
이 다윗에게 나아와 그 앞에 엎드려 절하
매 다윗이 이르되 므비보셋이여 하니 그
가 이르기를 보소서 당신의 종이니이다

7 다윗이 그에게 이르되 무서워하지 말
라 내가 반드시 네 아버지 요나단으로 말
미암아 네게 은총을 베풀리라 내가 네 할
아버지 사울의 모든 밭을 다 네게 도로 주
겠고 또 너는 항상 내 상에서 떡을 먹을지
니라 하니

8 그가 절하여 이르되 이 종이 무엇이기
에 왕께서 죽은 개 같은 나를 돌아보시나
이까 하니라

9 왕이 사울의 시종 시바를 불러 그에게
이르되 사울과 그의 온 집에 속한 것은 내
가 다 네 주인의 아들에게 주었노니

10 너와 네 아들들과 네 종들은 그를 위
하여 땅을 갈고 거두어 네 주인의 아들에
게 양식을 대주어 먹게 하라 그러나 네 주

3

4

5

6

7

8

9

10

인의 아들 므비보셋은 항상 내 상에서 떡
을 먹으리라 하니라 시바는 아들이 열다
섯 명이요 종이 스무 명이라

11 시바가 왕께 아뢰되 내 주 왕께서 모
든 일을 종에게 명령하신 대로 종이 준행
하겠나이다 하니라 므비보셋은 왕자 중
하나처럼 왕의 상에서 먹으니라

12 므비보셋에게 어린 아들 하나가 있으
니 이름은 미가더라 시바의 집에 사는 자
마다 므비보셋의 종이 되니라

13 므비보셋이 항상 왕의 상에서 먹으므
로 예루살렘에 사니라 그는 두 발을 다 절
더라

다윗이 암몬과 싸우다(대상 19:1-19)

10 그 후에 암몬 자손의 왕이 죽고 그
의 아들 하눈이 대신하여 왕이 되니

2 다윗이 이르되 내가 나하스의 아들 하
눈에게 은총을 베풀되 그의 아버지가 내
게 은총을 베푼 것 같이 하리라 하고 다윗
이 그의 신하들을 보내 그의 아버지를 조
상하라 하니라 다윗의 신하들이 암몬 자
손의 땅에 이르매

3 암몬 자손의 관리들이 그들의 주 하눈
에게 말하되 왕은 다윗이 조객을 당신에
게 보낸 것이 왕의 아버지를 공경함인 줄
로 여기시나이까 다윗이 그의 신하들을
당신에게 보내 이 성을 엿보고 탐지하여
함락시키고자 함이 아니니이까 하니

4 이에 하눈이 다윗의 신하들을 잡아 그
들의 수염 절반을 깎고 그들의 의복의 중

11

12

13

다윗이 암몬과 싸우다(대상 19:1-19)

10

2

3

4

동볼기까지 자르고 돌려보내매
5 사람들이 이 일을 다윗에게 알리니라
그 사람들이 크게 부끄러워하므로 왕이
그들을 맞으러 보내 이르기를 너희는 수
염이 자라기까지 여리고에서 머물다가
돌아오라 하니라

6 암몬 자손들이 자기들이 다윗에게 미
움이 된 줄 알고 암몬 자손들이 사람을 보
내 벧르홉 아람 사람과 소바 아람 사람의
보병 이만 명과 마아가 왕과 그의 사람 천
명과 돕 사람 만 이천 명을 고용한지라

7 다윗이 듣고 요압과 용사의 온 무리를
보내매

8 암몬 자손은 나와서 성문 어귀에 진을
쳤고 소바와 르홉 아람 사람과 돕과 마아
가 사람들은 따로 들에 있더라

9 요압이 자기와 맞서 앞뒤에 친 적진을
보고 이스라엘의 선발한 자 중에서 또 엄
선하여 아람 사람과 싸우려고 진 치고

10 그 백성의 남은 자를 그 아우 아비새
의 수하에 맡겨 암몬 자손과 싸우려고 진
치게 하고

11 이르되 만일 아람 사람이 나보다 강하
면 네가 나를 돕고 만일 암몬 자손이 너보
다 강하면 내가 가서 너를 도우리라

12 너는 담대하라 우리가 우리 백성과 우
리 하나님의 성읍들을 위하여 담대히 하
자 여호와께서 선히 여기시는 대로 행하
시기를 원하노라 하고

13 요압과 그와 함께 한 백성이 아람 사

5

6

7

8

9

10

11

12

13

람을 대항하여 싸우려고 나아가니 그들
이 그 앞에서 도망하고

14 암몬 자손은 아람 사람이 도망함을 보
고 그들도 아비새 앞에서 도망하여 성읍
으로 들어간지라 요압이 암몬 자손을 떠
나 예루살렘으로 돌아가니라

15 아람 사람이 자기가 이스라엘 앞에서
패하였음을 보고 다 모이매

16 하닷에셀이 사람을 보내 강 건너쪽에
있는 아람 사람을 불러 내매 그들이 헬람
에 이르니 하닷에셀의 군사령관 소박이
그들을 거느린지라

17 어떤 사람이 다윗에게 알리매 그가 온
이스라엘을 모으고 요단을 건너 헬람에
이르매 아람 사람들이 다윗을 향하여 진
을 치고 더불어 싸우더니

18 아람 사람이 이스라엘 앞에서 도망한
지라 다윗이 아람 병거 칠백 대와 마병 사
만 명을 죽이고 또 그 군사령관 소박을 치
매 거기서 죽으니라

19 하닷에셀에게 속한 왕들이 자기가 이
스라엘 앞에서 패함을 보고 이스라엘과
화친하고 섬기니 그러므로 아람 사람들
이 두려워하여 다시는 암몬 자손을 돕지
아니하니라

다윗과 밧세바

11 그 해가 돌아와 왕들이 출전할 때가
되매 다윗이 요압과 그에게 있는 그
의 부하들과 온 이스라엘 군대를 보내니
그들이 암몬 자손을 멸하고 랍바를 에워

14
15
16
17
18
19
다윗과 밧세바
11

쌌고 다윗은 예루살렘에 그대로 있더라

2 저녁 때에 다윗이 그의 침상에서 일어
나 왕궁 옥상에서 거닐다가 그 곳에서 보
니 한 여인이 목욕을 하는데 심히 아름다
워 보이는지라

3 다윗이 사람을 보내 그 여인을 알아보
게 하였더니 그가 아뢰되 그는 엘리암의
딸이요 헷 사람 우리아의 아내 밧세바가
아니니이까 하니

4 다윗이 전령을 보내어 그 여자를 자기
에게로 데려오게 하고 그 여자가 그 부정
함을 깨끗하게 하였으므로 더불어 동침
하매 그 여자가 자기 집으로 돌아가니라

5 그 여인이 임신하매 사람을 보내 다윗
에게 말하여 이르되 내가 임신하였나이
다 하니라

6 다윗이 요압에게 기별하여 헷 사람 우
리아를 내게 보내라 하매 요압이 우리아
를 다윗에게로 보내니

7 우리아가 다윗에게 이르매 다윗이 요
압의 안부와 군사의 안부와 싸움이 어떠
했는지를 묻고

8 그가 또 우리아에게 이르되 네 집으로
내려가서 발을 씻으라 하니 우리아가 왕
궁에서 나가매 왕의 음식물이 뒤따라 가
니라

9 그러나 우리아는 집으로 내려가지 아
니하고 왕궁 문에서 그의 주의 모든 부하
들과 더불어 잔지라

10 어떤 사람이 다윗에게 아뢰되 우리아

가 그의 집으로 내려가지 아니하였나이
다 다윗이 우리아에게 이르되 네가 길 갔
다가 돌아온 것이 아니냐 어찌하여 네 집
으로 내려가지 아니하였느냐 하니

11 우리아가 다윗에게 아뢰되 언약궤와 11
이스라엘과 유다가 야영 중에 있고 내 주
요압과 내 왕의 부하들이 바깥 들에 진 치
고 있거늘 내가 어찌 내 집으로 가서 먹고
마시고 내 처와 같이 자리이까 내가 이 일
을 행하지 아니하기로 왕의 살아 계심과
왕의 혼의 살아 계심을 두고 맹세하나이
다 하니라

12 다윗이 우리아에게 이르되 오늘도 여 12
기 있으라 내일은 내가 너를 보내리라 우
리아가 그 날에 예루살렘에 머무니라 이
튿날

13 다윗이 그를 불러서 그로 그 앞에서 먹 13
고 마시고 취하게 하니 저녁 때에 그가 나
가서 그의 주의 부하들과 더불어 침상에
눕고 그의 집으로 내려가지 아니하니라

14 아침이 되매 다윗이 편지를 써서 우리 14
아의 손에 들려 요압에게 보내니

15 그 편지에 써서 이르기를 너희가 우리 15
아를 맹렬한 싸움에 앞세워 두고 너희는
뒤로 물러가서 그로 맞아 죽게 하라 하였
더라

16 요압이 그 성을 살펴 용사들이 있는 16
것을 아는 그 곳에 우리아를 두니

17 그 성 사람들이 나와서 요압과 더불어 17
싸울 때에 다윗의 부하 중 몇 사람이 엎드

러지고 헷 사람 우리아도 죽으니라
18 요압이 사람을 보내 그 전쟁의 모든
일을 다윗에게 보고할새
19 그 전령에게 명령하여 이르되 전쟁의
모든 일을 네가 왕께 보고하기를 마친 후
에
20 혹시 왕이 노하여 네게 말씀하기를 너
희가 어찌하여 성에 그처럼 가까이 가서
싸웠느냐 그들이 성 위에서 쏠 줄을 알지
못하였느냐
21 여룹베셋의 아들 아비멜렉을 쳐죽인
자가 누구냐 여인 하나가 성에서 맷돌 위
짝을 그 위에 던지매 그가 데벳스에서 죽
지 아니하였느냐 어찌하여 성에 가까이
갔더냐 하시거든 네가 말하기를 왕의 종
헷 사람 우리아도 죽었나이다 하라
22 전령이 가서 다윗에게 이르러 요압이
그를 보낸 모든 일을 다윗에게 아뢰어
23 이르되 그 사람들이 우리보다 우세하
여 우리를 향하여 들로 나오므로 우리가
그들을 쳐서 성문 어귀까지 미쳤더니
24 활 쏘는 자들이 성 위에서 왕의 부하
들을 향하여 쏘매 왕의 부하 중 몇 사람이
죽고 왕의 종 헷 사람 우리아도 죽었나이
다 하니
25 다윗이 전령에게 이르되 너는 요압에
게 이같이 말하기를 이 일로 걱정하지 말
라 칼은 이 사람이나 저 사람이나 삼키느
니라 그 성을 향하여 더욱 힘써 싸워 함락
시키라 하여 너는 그를 담대하게 하라 하

니라

26 우리아의 아내는 그 남편 우리아가 죽
었음을 듣고 그의 남편을 위하여 소리내
어 우니라

27 그 장례를 마치매 다윗이 사람을 보내
그를 왕궁으로 데려오니 그가 그의 아내
가 되어 그에게 아들을 낳으니라 다윗이
행한 그 일이 여호와 보시기에 악하였더
라

나단의 책망과 다윗의 회개

12 여호와께서 나단을 다윗에게 보내
시니 그가 다윗에게 가서 그에게
이르되 한 성읍에 두 사람이 있는데 한 사
람은 부하고 한 사람은 가난하니

2 그 부한 사람은 양과 소가 심히 많으나

3 가난한 사람은 아무것도 없고 자기가
사서 기르는 작은 암양 새끼 한 마리뿐이
라 그 암양 새끼는 그와 그의 자식과 함께
자라며 그가 먹는 것을 먹으며 그의 잔으
로 마시며 그의 품에 누우므로 그에게는
딸처럼 되었거늘

4 어떤 행인이 그 부자에게 오매 부자가
자기에게 온 행인을 위하여 자기의 양과
소를 아껴 잡지 아니하고 가난한 사람의
양 새끼를 빼앗아다가 자기에게 온 사람
을 위하여 잡았나이다 하니

5 다윗이 그 사람으로 말미암아 노하여
나단에게 이르되 여호와의 살아 계심을
두고 맹세하노니 이 일을 행한 그 사람은
마땅히 죽을 자라

26
27
나단의 책망과 다윗의 회개
12
2
3
4
5

6 그가 불쌍히 여기지 아니하고 이런 일
을 행하였으니 그 양 새끼를 네 배나 갚아
주어야 하리라 한지라

7 나단이 다윗에게 이르되 당신이 그 사
람이라 이스라엘의 하나님 여호와께서
이와 같이 이르시기를 내가 너를 이스라
엘 왕으로 기름 붓기 위하여 너를 사울의
손에서 구원하고

8 네 주인의 집을 네게 주고 네 주인의
아내들을 네 품에 두고 이스라엘과 유다
족속을 네게 맡겼느니라 만일 그것이 부
족하였을 것 같으면 내가 네게 이것 저것
을 더 주었으리라

9 그러한데 어찌하여 네가 여호와의 말
씀을 업신여기고 나 보기에 악을 행하였
느냐 네가 칼로 헷 사람 우리아를 치되 암
몬 자손의 칼로 죽이고 그의 아내를 빼앗
아 네 아내로 삼았도다

10 이제 네가 나를 업신여기고 헷 사람
우리아의 아내를 빼앗아 네 아내로 삼았
은즉 칼이 네 집에서 영원토록 떠나지 아
니하리라 하셨고

11 여호와께서 또 이와 같이 이르시기를
보라 내가 너와 네 집에 재앙을 일으키고
내가 네 눈앞에서 네 아내를 빼앗아 네 이
웃들에게 주리니 그 사람들이 네 아내들
과 더불어 백주에 동침하리라

12 너는 은밀히 행하였으나 나는 온 이스
라엘 앞에서 백주에 이 일을 행하리라 하
셨나이다 하니

6

7

8

9

10

11

12

13 다윗이 나단에게 이르되 내가 여호와
께 죄를 범하였노라 하매 나단이 다윗에
게 말하되 여호와께서도 당신의 죄를 사
하셨나니 당신이 죽지 아니하려니와
14 이 일로 말미암아 여호와의 원수가 크
게 비방할 거리를 얻게 하였으니 당신이
낳은 아이가 반드시 죽으리이다 하고
15 나단이 자기 집으로 돌아가니라

다윗의 아이가 죽다

우리아의 아내가 다윗에게 낳은 아이를
여호와께서 치시매 심히 앓는지라
16 다윗이 그 아이를 위하여 하나님께 간
구하되 다윗이 금식하고 안에 들어가서
밤새도록 땅에 엎드렸으니
17 그 집의 늙은 자들이 그 곁에 서서 다
윗을 땅에서 일으키려 하되 왕이 듣지 아
니하고 그들과 더불어 먹지도 아니하더
라
18 이레 만에 그 아이가 죽으니라 그러나
다윗의 신하들이 아이가 죽은 것을 왕에
게 아뢰기를 두려워하니 이는 그들이 말
하기를 아이가 살았을 때에 우리가 그에
게 말하여도 왕이 그 말을 듣지 아니하셨
나니 어떻게 그 아이가 죽은 것을 그에게
아뢸 수 있으랴 왕이 상심하시리로다 함
이라
19 다윗이 그의 신하들이 서로 수군거리
는 것을 보고 그 아이가 죽은 줄을 다윗이
깨닫고 그의 신하들에게 묻되 아이가 죽
었느냐 하니 대답하되 죽었나이다 하는

13

14

15

다윗의 아이가 죽다

16

17

18

19

지라
20 다윗이 땅에서 일어나 몸을 씻고 기름
을 바르고 의복을 갈아입고 여호와의 전
에 들어가서 경배하고 왕궁으로 돌아와
명령하여 음식을 그 앞에 차리게 하고 먹
은지라
21 그의 신하들이 그에게 이르되 아이가
살았을 때에는 그를 위하여 금식하고 우
시더니 죽은 후에는 일어나서 잡수시니
이 일이 어찌 됨이니이까 하니
22 이르되 아이가 살았을 때에 내가 금식
하고 운 것은 혹시 여호와께서 나를 불쌍
히 여기사 아이를 살려 주실는지 누가 알
까 생각함이거니와
23 지금은 죽었으니 내가 어찌 금식하랴
내가 다시 돌아오게 할 수 있느냐 나는 그
에게로 가려니와 그는 내게로 돌아오지
아니하리라 하니라

솔로몬이 태어나다

24 다윗이 그의 아내 밧세바를 위로하고
그에게 들어가 그와 동침하였더니 그가
아들을 낳으매 그의 이름을 솔로몬이라
하니라 여호와께서 그를 사랑하사
25 선지자 나단을 보내 그의 이름을 여디
디야라 하시니 이는 여호와께서 사랑하
셨기 때문이더라

다윗이 랍바를 쳐서 점령하다(대상 20:1-3)

26 요압이 암몬 자손의 랍바를 쳐서 그
왕성을 점령하매
27 요압이 전령을 다윗에게 보내 이르되

20
21
22
23
솔로몬이 태어나다
24
25
다윗이 랍바를 쳐서 점령하다(대상 20:1-3)
26
27

내가 랍바 곧 물들의 성읍을 쳐서 점령하
였으니

28 이제 왕은 그 백성의 남은 군사를 모
아 그 성에 맞서 진 치고 이 성읍을 쳐서
점령하소서 내가 이 성읍을 점령하면 이
성읍이 내 이름으로 일컬음을 받을까 두
려워하나이다 하니

29 다윗이 모든 군사를 모아 랍바로 가서
그 곳을 쳐서 점령하고

30 그 왕의 머리에서 보석 박힌 왕관을
가져오니 그 중량이 금 한 달란트라 다윗
이 자기의 머리에 쓰니라 다윗이 또 그 성
읍에서 노략한 물건을 무수히 내오고

31 그 안에 있는 백성들을 끌어내어 톱질
과 써레질과 철도끼질과 벽돌구이를 그
들에게 하게 하니라 암몬 자손의 모든 성
읍을 이같이 하고 다윗과 모든 백성이 예
루살렘으로 돌아가니라

암논과 다말

13 그 후에 이 일이 있으니라 다윗의
아들 압살롬에게 아름다운 누이가
있으니 이름은 다말이라 다윗의 다른 아
들 암논이 그를 사랑하나

2 그는 처녀이므로 어찌할 수 없는 줄을
알고 암논이 그의 누이 다말 때문에 울화
로 말미암아 병이 되니라

3 암논에게 요나답이라 하는 친구가 있
으니 그는 다윗의 형 시므아의 아들이요
심히 간교한 자라

4 그가 암논에게 이르되 왕자여 당신은

28
29
30
31
암논과 다말
13
2
3
4

어찌하여 나날이 이렇게 파리하여 가느
냐 내게 말해 주지 아니하겠느냐 하니 암
논이 말하되 내가 아우 압살롬의 누이 다
말을 사랑함이니라 하니라

5 요나답이 그에게 이르되 침상에 누워
병든 체하다가 네 아버지가 너를 보러 오
거든 너는 그에게 말하기를 원하건대 내
누이 다말이 와서 내게 떡을 먹이되 내가
보는 데에서 떡을 차려 그의 손으로 먹여
주게 하옵소서 하라 하니

6 암논이 곧 누워 병든 체하다가 왕이
와서 그를 볼 때에 암논이 왕께 아뢰되 원
하건대 내 누이 다말이 와서 내가 보는 데
에서 과자 두어 개를 만들어 그의 손으로
내게 먹여 주게 하옵소서 하니

7 다윗이 사람을 그의 집으로 보내 다말
에게 이르되 이제 네 오라버니 암논의 집
으로 가서 그를 위하여 음식을 차리라 한
지라

8 다말이 그 오라버니 암논의 집에 이르
매 그가 누웠더라 다말이 밀가루를 가지
고 반죽하여 그가 보는 데서 과자를 만들
고 그 과자를 굽고

9 그 냄비를 가져다가 그 앞에 쏟아 놓
아도 암논이 먹기를 거절하고 암논이 이
르되 모든 사람을 내게서 나가게 하라 하
니 다 그를 떠나 나가니라

10 암논이 다말에게 이르되 음식물을 가
지고 침실로 들어오라 내가 네 손에서 먹
으리라 하니 다말이 자기가 만든 과자를

5

6

7

8

9

10

가지고 침실에 들어가 그의 오라버니 암
논에게 이르러

11 그에게 먹이려고 가까이 가지고 갈 때
에 암논이 그를 붙잡고 그에게 이르되 나
의 누이야 와서 나와 동침하자 하는지라

12 그가 그에게 대답하되 아니라 내 오라
버니여 나를 욕되게 하지 말라 이런 일은
이스라엘에서 마땅히 행하지 못할 것이
니 이 어리석은 일을 행하지 말라

13 내가 이 수치를 지니고 어디로 가겠느
냐 너도 이스라엘에서 어리석은 자 중의
하나가 되리라 이제 청하건대 왕께 말하
라 그가 나를 네게 주기를 거절하지 아니
하시리라 하되

14 암논이 그 말을 듣지 아니하고 다말보
다 힘이 세므로 억지로 그와 동침하니라

15 그리하고 암논이 그를 심히 미워하니
이제 미워하는 미움이 전에 사랑하던 사
랑보다 더한지라 암논이 그에게 이르되
일어나 가라 하니

16 다말이 그에게 이르되 옳지 아니하다
나를 쫓아보내는 이 큰 악은 아까 내게 행
한 그 악보다 더하다 하되 암논이 그를 듣
지 아니하고

17 그가 부리는 종을 불러 이르되 이 계
집을 내게서 이제 내보내고 곧 문빗장을
지르라 하니

18 암논의 하인이 그를 끌어내고 곧 문빗
장을 지르니라 다말이 채색옷을 입었으
니 출가하지 아니한 공주는 이런 옷으로

단장하는 법이라

19 다말이 재를 자기의 머리에 덮어쓰고
그의 채색옷을 찢고 손을 머리 위에 얹고
가서 크게 울부짖으니라

20 그의 오라버니 압살롬이 그에게 이르
되 네 오라버니 암논이 너와 함께 있었느
냐 그러나 그는 네 오라버니이니 누이야
지금은 잠잠히 있고 이것으로 말미암아
근심하지 말라 하니라 이에 다말이 그의
오라버니 압살롬의 집에 있어 처량하게
지내니라

21 다윗 왕이 이 모든 일을 듣고 심히 노
하니라

22 압살롬은 암논이 그의 누이 다말을 욕
되게 하였으므로 그를 미워하여 암논에
대하여 잘잘못을 압살롬이 말하지 아니
하니라

압살롬의 복수

23 만 이 년 후에 에브라임 곁 바알하솔
에서 압살롬이 양 털을 깎는 일이 있으매
압살롬이 왕의 모든 아들을 청하고

24 압살롬이 왕께 나아가 말하되 이제 종
에게 양 털 깎는 일이 있사오니 청하건대
왕은 신하들을 데리시고 당신의 종과 함
께 가사이다 하니

25 왕이 압살롬에게 이르되 아니라 내 아
들아 이제 우리가 다 갈 것 없다 네게 누
를 끼칠까 하노라 하니라 압살롬이 그에
게 간청하였으나 그가 가지 아니하고 그
에게 복을 비는지라

19

20

21

22

압살롬의 복수

23

24

25

26 압살롬이 이르되 그렇게 하지 아니하
시려거든 청하건대 내 형 암논이 우리와
함께 가게 하옵소서 왕이 그에게 이르되
그가 너와 함께 갈 것이 무엇이냐 하되

27 압살롬이 간청하매 왕이 암논과 왕의
모든 아들을 그와 함께 그에게 보내니라

28 압살롬이 이미 그의 종들에게 명령하
여 이르기를 너희는 이제 암논의 마음이
술로 즐거워할 때를 자세히 보다가 내가
너희에게 암논을 치라 하거든 그를 죽이
라 두려워하지 말라 내가 너희에게 명령
한 것이 아니냐 너희는 담대히 용기를 내
라 한지라

29 압살롬의 종들이 압살롬의 명령대로
암논에게 행하매 왕의 모든 아들들이 일
어나 각기 노새를 타고 도망하니라

30 그들이 길에 있을 때에 압살롬이 왕의
모든 아들들을 죽이고 하나도 남기지 아
니하였다는 소문이 다윗에게 이르매

31 왕이 곧 일어나서 자기의 옷을 찢고
땅에 드러눕고 그의 신하들도 다 옷을 찢
고 모셔 선지라

32 다윗의 형 시므아의 아들 요나답이 아
뢰어 이르되 내 주여 젊은 왕자들이 다 죽
임을 당한 줄로 생각하지 마옵소서 오직
암논만 죽었으리이다 그가 압살롬의 누
이 다말을 욕되게 한 날부터 압살롬이 결
심한 것이니이다

33 그러하온즉 내 주 왕이여 왕자들이 다
죽은 줄로 생각하여 상심하지 마옵소서

오직 암논만 죽었으리이다 하니라

34 이에 압살롬은 도망하니라 파수하는
청년이 눈을 들어 보니 보아라 뒷산 언덕
길로 여러 사람이 오는도다

35 요나답이 왕께 아뢰되 보소서 왕자들
이 오나이다 당신의 종이 말한 대로 되었
나이다 하고

36 말을 마치자 왕자들이 이르러 소리를
높여 통곡하니 왕과 그의 모든 신하들도
심히 통곡하니라

37 압살롬은 도망하여 그술 왕 암미훌의
아들 달매에게로 갔고 다윗은 날마다 그
의 아들로 말미암아 슬퍼하니라

38 압살롬이 도망하여 그술로 가서 거기
에 산 지 삼 년이라

39 다윗 왕의 마음이 압살롬을 향하여 간
절하니 암논은 이미 죽었으므로 왕이 위
로를 받았음이더라

압살롬이 예루살렘으로 돌아오다

14 스루야의 아들 요압이 왕의 마음이
압살롬에게로 향하는 줄 알고

2 드고아에 사람을 보내 거기서 지혜로
운 여인 하나를 데려다가 그에게 이르되
청하건대 너는 상주가 된 것처럼 상복을
입고 기름을 바르지 말고 죽은 사람을 위
하여 오래 슬퍼하는 여인 같이 하고

3 왕께 들어가서 그에게 이러이러하게
말하라고 요압이 그의 입에 할 말을 넣어
주니라

4 드고아 여인이 왕께 아뢸 때에 얼굴을

34
35
36
37
38
39
압살롬이 예루살렘으로 돌아오다
14
2
3
4

땅에 대고 엎드려 이르되 왕이여 도우소서
하니
5 왕이 그에게 이르되 무슨 일이냐 하니
라 대답하되 나는 진정으로 과부니이다
남편은 죽고
6 이 여종에게 아들 둘이 있더니 그들이
들에서 싸우나 그들을 말리는 사람이 아
무도 없으므로 한 아이가 다른 아이를 쳐
죽인지라
7 온 족속이 일어나서 당신의 여종 나를
핍박하여 말하기를 그의 동생을 쳐죽인
자를 내놓으라 우리가 그의 동생 죽인 죄
를 갚아 그를 죽여 상속자 될 것까지 끊겠
노라 하오니 그러한즉 그들이 내게 남아
있는 숯불을 꺼서 내 남편의 이름과 씨를
세상에 남겨두지 아니하겠나이다 하니
8 왕이 여인에게 이르되 네 집으로 가라
내가 너를 위하여 명령을 내리리라 하는
지라
9 드고아 여인이 왕께 아뢰되 내 주 왕이
여 그 죄는 나와 내 아버지의 집으로 돌릴
것이니 왕과 왕위는 허물이 없으리이다
10 왕이 이르되 누구든지 네게 말하는 자
를 내게로 데려오라 그가 다시는 너를 건
드리지도 못하리라 하니라
11 여인이 이르되 청하건대 왕은 왕의 하
나님 여호와를 기억하사 원수 갚는 자가
더 죽이지 못하게 하옵소서 내 아들을 죽
일까 두렵나이다 하니 왕이 이르되 여호
와께서 살아 계심을 두고 맹세하노니 네
아들의 머리카락 하나도 땅에 떨어지지

5

6

7

8

9

10

11

아니하리라 하니라

12 여인이 이르되 청하건대 당신의 여종
을 용납하여 한 말씀을 내 주 왕께 여쭙게
하옵소서 하니 그가 이르되 말하라 하니
라

12

13 여인이 이르되 그러면 어찌하여 왕께
서 하나님의 백성에게 대하여 이같은 생
각을 하셨나이까 이 말씀을 하심으로 왕
께서 죄 있는 사람 같이 되심은 그 내쫓긴
자를 왕께서 집으로 돌아오게 하지 아니
하심이니이다

13

14 우리는 필경 죽으리니 땅에 쏟아진 물
을 다시 담지 못함 같을 것이오나 하나님
은 생명을 빼앗지 아니하시고 방책을 베
푸사 내쫓긴 자가 하나님께 버린 자가 되
지 아니하게 하시나이다

14

15 이제 내가 와서 내 주 왕께 이 말씀을
여쭙는 것은 백성들이 나를 두렵게 하므
로 당신의 여종이 스스로 말하기를 내가
왕께 여쭈오면 혹시 종이 청하는 것을 왕
께서 시행하실 것이라

15

16 왕께서 들으시고 나와 내 아들을 함께
하나님의 기업에서 끊을 자의 손으로부
터 주의 종을 구원하시리라 함이니이다

16

17 당신의 여종이 또 스스로 말하기를 내
주 왕의 말씀이 나의 위로가 되기를 원한
다 하였사오니 이는 내 주 왕께서 하나님
의 사자 같이 선과 악을 분간하심이니이
다 원하건대 왕의 하나님 여호와께서 왕
과 같이 계시옵소서

17

18 왕이 그 여인에게 대답하여 이르되 바
라노니 내가 네게 묻는 것을 내게 숨기지
말라 여인이 이르되 내 주 왕은 말씀하옵
소서

19 왕이 이르되 이 모든 일에 요압이 너
와 함께 하였느냐 하니 여인이 대답하여
이르되 내 주 왕의 살아 계심을 두고 맹세
하옵나니 내 주 왕의 말씀을 좌로나 우로
나 옮길 자가 없으리이다 왕의 종 요압이
내게 명령하였고 그가 이 모든 말을 왕의
여종의 입에 넣어 주었사오니

20 이는 왕의 종 요압이 이 일의 형편을
바꾸려 하여 이렇게 함이니이다 내 주 왕
의 지혜는 하나님의 사자의 지혜와 같아
서 땅에 있는 일을 다 아시나이다 하니라

21 왕이 요압에게 이르되 내가 이 일을
허락하였으니 가서 청년 압살롬을 데려
오라 하니라

22 요압이 땅에 엎드려 절하고 왕을 위하
여 복을 빌고 요압이 이르되 내 주 왕이여
종의 구함을 왕이 허락하시니 종이 왕 앞
에서 은혜 입은 줄을 오늘 아나이다 하고

23 요압이 일어나 그술로 가서 압살롬을
데리고 예루살렘으로 오니

24 왕이 이르되 그를 그의 집으로 물러가
게 하여 내 얼굴을 볼 수 없게 하라 하매
압살롬이 자기 집으로 돌아가고 왕의 얼
굴을 보지 못하니라

다윗이 압살롬과 화해하다

25 온 이스라엘 가운데에서 압살롬 같이

18

19

20

21

22

23

24

다윗이 압살롬과 화해하다

25

아름다움으로 크게 칭찬 받는 자가 없었
으니 그는 발바닥부터 정수리까지 흠이
없음이라

26 그의 머리털이 무거우므로 연말마다
깎았으며 그의 머리 털을 깎을 때에 그것
을 달아본즉 그의 머리털이 왕의 저울로
이백 세겔이었더라

27 압살롬이 아들 셋과 딸 하나를 낳았는
데 딸의 이름은 다말이라 그는 얼굴이 아
름다운 여자더라

28 압살롬이 이태 동안 예루살렘에 있으
되 왕의 얼굴을 보지 못하였으므로

29 압살롬이 요압을 왕께 보내려 하여 압
살롬이 요압에게 사람을 보내 부르되 그
에게 오지 아니하고 또 다시 그에게 보내
되 오지 아니하는지라

30 압살롬이 자기의 종들에게 이르되 보
라 요압의 밭이 내 밭 근처에 있고 거기
보리가 있으니 가서 불을 지르라 하니라
압살롬의 종들이 그 밭에 불을 질렀더니

31 요압이 일어나 압살롬의 집으로 가서
그에게 이르되 어찌하여 네 종들이 내 밭
에 불을 질렀느냐 하니

32 압살롬이 요압에게 대답하되 내가 일
찍이 사람을 네게 보내 너를 이리로 오라
고 청한 것은 내가 너를 왕께 보내 아뢰게
하기를 어찌하여 내가 그술에서 돌아오
게 되었나이까 이 때까지 거기에 있는 것
이 내게 나았으리이다 하려 함이로라 이
제는 네가 나로 하여금 왕의 얼굴을 볼 수

26

27

28

29

30

31

32

있게 하라 내가 만일 죄가 있으면 왕이 나
를 죽이시는 것이 옳으니라 하는지라

33 요압이 왕께 나아가서 그에게 아뢰매
왕이 압살롬을 부르니 그가 왕께 나아가
그 앞에서 얼굴을 땅에 대어 그에게 절하
매 왕이 압살롬과 입을 맞추니라

압살롬이 반역하다

15 그 후에 압살롬이 자기를 위하여 병
거와 말들을 준비하고 호위병 오십
명을 그 앞에 세우니라

2 압살롬이 일찍이 일어나 성문 길 곁에
서서 어떤 사람이든지 송사가 있어 왕에
게 재판을 청하러 올 때에 그 사람을 불러
이르되 너는 어느 성읍 사람이냐 하니 그
사람의 대답이 종은 이스라엘 아무 지파
에 속하였나이다 하면

3 압살롬이 그에게 이르기를 보라 네 일
이 옳고 바르다마는 네 송사를 들을 사람
을 왕께서 세우지 아니하셨다 하고

4 또 압살롬이 이르기를 내가 이 땅에서
재판관이 되고 누구든지 송사나 재판할
일이 있어 내게로 오는 자에게 내가 정의
베풀기를 원하노라 하고

5 사람이 가까이 와서 그에게 절하려 하
면 압살롬이 손을 펴서 그 사람을 붙들고
그에게 입을 맞추니

6 이스라엘 무리 중에 왕께 재판을 청하
러 오는 자들마다 압살롬의 행함이 이와
같아서 이스라엘 사람의 마음을 압살롬
이 훔치니라

33

압살롬이 반역하다

15

2

3

4

5

6

7 사 년 만에 압살롬이 왕께 아뢰되 내
가 여호와께 서원한 것이 있사오니 청하
건대 내가 헤브론에 가서 그 서원을 이루
게 하소서

8 당신의 종이 아람 그술에 있을 때에
서원하기를 만일 여호와께서 반드시 나
를 예루살렘으로 돌아가게 하시면 내가
여호와를 섬기리이다 하였나이다

9 왕이 그에게 이르되 평안히 가라 하니
그가 일어나 헤브론으로 가니라

10 이에 압살롬이 정탐을 이스라엘 모든
지파 가운데에 두루 보내 이르기를 너희
는 나팔 소리를 듣거든 곧 말하기를 압살
롬이 헤브론에서 왕이 되었다 하라 하니
라

11 그 때 청함을 받은 이백 명이 압살롬
과 함께 예루살렘에서부터 헤브론으로
내려갔으니 그들은 압살롬이 꾸민 그 모
든 일을 알지 못하고 그저 따라가기만 한
사람들이라

12 제사 드릴 때에 압살롬이 사람을 보내
다윗의 모사 길로 사람 아히도벨을 그의
성읍 길로에서 청하여 온지라 반역하는
일이 커가매 압살롬에게로 돌아오는 백
성이 많아지니라

다윗이 예루살렘에서 도망하다

13 전령이 다윗에게 와서 말하되 이스라
엘의 인심이 다 압살롬에게로 돌아갔나
이다 한지라

14 다윗이 예루살렘에 함께 있는 그의 모

7

8

9

10

11

12

다윗이 예루살렘에서 도망하다

13

14

든 신하들에게 이르되 일어나 도망하자
그렇지 아니하면 우리 중 한 사람도 압살
롬에게서 피하지 못하리라 빨리 가자 두
렵건대 그가 우리를 급히 따라와 우리를
해하고 칼날로 성읍을 칠까 하노라

15 왕의 신하들이 왕께 이르되 우리 주
왕께서 하고자 하시는 대로 우리가 행하
리이다 보소서 당신의 종들이니이다 하
더라

16 왕이 나갈 때에 그의 가족을 다 따르
게 하고 후궁 열 명을 왕이 남겨 두어 왕
궁을 지키게 하니라

17 왕이 나가매 모든 백성이 다 따라서
벧메르학에 이르러 멈추어 서니

18 그의 모든 신하들이 그의 곁으로 지나
가고 모든 그렛 사람과 모든 블렛 사람과
및 왕을 따라 가드에서 온 모든 가드 사람
육백 명이 왕 앞으로 행진하니라

19 그 때에 왕이 가드 사람 잇대에게 이
르되 어찌하여 너도 우리와 함께 가느냐
너는 쫓겨난 나그네이니 돌아가서 왕과
함께 네 곳에 있으라

20 너는 어제 왔고 나는 정처 없이 가니
오늘 어찌 너를 우리와 함께 떠돌아다니
게 하리요 너도 돌아가고 네 동포들도 데
려가라 은혜와 진리가 너와 함께 있기를
원하노라 하니라

21 잇대가 왕께 대답하여 이르되 여호와
의 살아 계심과 내 주 왕의 살아 계심으로
맹세하옵나니 진실로 내 주 왕께서 어느

15

16

17

18

19

20

21

곳에 계시든지 사나 죽으나 종도 그 곳에
있겠나이다 하니

22 다윗이 잇대에게 이르되 앞서 건너가
라 하매 가드 사람 잇대와 그의 수행자들
과 그와 함께 한 아이들이 다 건너가고

23 온 땅 사람이 큰 소리로 울며 모든 백
성이 앞서 건너가매 왕도 기드론 시내를
건너가니 건너간 모든 백성이 광야 길로
향하니라

24 보라 사독과 그와 함께 한 모든 레위
사람도 하나님의 언약궤를 메어다가 하
나님의 궤를 내려놓고 아비아달도 올라
와서 모든 백성이 성에서 나오기를 기다
리도다

25 왕이 사독에게 이르되 보라 하나님의
궤를 성읍으로 도로 메어 가라 만일 내가
여호와 앞에서 은혜를 입으면 도로 나를
인도하사 내게 그 궤와 그 계신 데를 보이
시리라

26 그러나 그가 이와 같이 말씀하시기를
내가 너를 기뻐하지 아니한다 하시면 종
이 여기 있사오니 선히 여기시는 대로 내
게 행하시옵소서 하리라

27 왕이 또 제사장 사독에게 이르되 네가
선견자가 아니냐 너는 너희의 두 아들 곧
네 아들 아히마아스와 아비아달의 아들
요나단을 데리고 평안히 성읍으로 돌아
가라

28 너희에게서 내게 알리는 소식이 올 때
까지 내가 광야 나루터에서 기다리리라

22

23

24

25

26

27

28

하니라
29 사독과 아비아달이 하나님의 궤를 예
루살렘으로 도로 메어다 놓고 거기 머물
러 있으니라
30 다윗이 감람 산 길로 올라갈 때에 그
의 머리를 그가 가리고 맨발로 울며 가고
그와 함께 가는 모든 백성들도 각각 자기
의 머리를 가리고 울며 올라가니라
31 어떤 사람이 다윗에게 알리되 압살롬
과 함께 모반한 자들 가운데 아히도벨이
있나이다 하니 다윗이 이르되 여호와여
원하옵건대 아히도벨의 모략을 어리석게
하옵소서 하니라
32 다윗이 하나님을 경배하는 마루턱에
이를 때에 아렉 사람 후새가 옷을 찢고 흙
을 머리에 덮어쓰고 다윗을 맞으러 온지
라
33 다윗이 그에게 이르되 네가 만일 나와
함께 나아가면 내게 누를 끼치리라
34 그러나 네가 만일 성읍으로 돌아가서
압살롬에게 말하기를 왕이여 내가 왕의
종이니이다 전에는 내가 왕의 아버지의
종이었더니 이제는 내가 왕의 종이니이
다 하면 네가 나를 위하여 아히도벨의 모
략을 패하게 하리라
35 사독과 아비아달 두 제사장이 너와 함
께 거기 있지 아니하냐 네가 왕의 궁중에
서 무엇을 듣든지 사독과 아비아달 두 제
사장에게 알리라
36 그들의 두 아들 곧 사독의 아히마아스

와 아비아달의 요나단이 그들과 함께 거
기 있나니 너희가 듣는 모든 것을 그들 편
에 내게 소식을 알릴지니라 하는지라

37 다윗의 친구 후새가 곧 성읍으로 들어
가고 압살롬도 예루살렘으로 들어갔더라

다윗과 시바

16 다윗이 마루턱을 조금 지나니 므비
보셋의 종 시바가 안장 지운 두 나
귀에 떡 이백 개와 건포도 백 송이와 여름
과일 백 개와 포도주 한 가죽부대를 싣고
다윗을 맞는지라

2 왕이 시바에게 이르되 네가 무슨 뜻으
로 이것을 가져왔느냐 하니 시바가 이르
되 나귀는 왕의 가족들이 타게 하고 떡과
과일은 청년들이 먹게 하고 포도주는 들
에서 피곤한 자들에게 마시게 하려 함이
니이다

3 왕이 이르되 네 주인의 아들이 어디
있느냐 하니 시바가 왕께 아뢰되 예루살
렘에 있는데 그가 말하기를 이스라엘 족
속이 오늘 내 아버지의 나라를 내게 돌리
리라 하나이다 하는지라

4 왕이 시바에게 이르되 므비보셋에게
있는 것이 다 네 것이니라 하니라 시바가
이르되 내가 절하나이다 내 주 왕이여 내
가 왕 앞에서 은혜를 입게 하옵소서 하니
라

다윗과 시므이

5 다윗 왕이 바후림에 이르매 거기서 사
울의 친족 한 사람이 나오니 게라의 아들

37
다윗과 시바
16
2
3
4
다윗과 시므이
5

이요 이름은 시므이라 그가 나오면서 계
속하여 저주하고

6 또 다윗과 다윗 왕의 모든 신하들을
향하여 돌을 던지니 그 때에 모든 백성과
용사들은 다 왕의 좌우에 있었더라

7 시므이가 저주하는 가운데 이와 같이
말하니라 피를 흘린 자여 사악한 자여 가
거라 가거라

8 사울의 족속의 모든 피를 여호와께서
네게로 돌리셨도다 그를 이어서 네가 왕
이 되었으나 여호와께서 나라를 네 아들
압살롬의 손에 넘기셨도다 보라 너는 피
를 흘린 자이므로 화를 자초하였느니라
하는지라

9 스루야의 아들 아비새가 왕께 여짜오
되 이 죽은 개가 어찌 내 주 왕을 저주하
리이까 청하건대 내가 건너가서 그의 머
리를 베게 하소서 하니

10 왕이 이르되 스루야의 아들들아 내가
너희와 무슨 상관이 있느냐 그가 저주하
는 것은 여호와께서 그에게 다윗을 저주
하라 하심이니 네가 어찌 그리하였느냐
할 자가 누구겠느냐 하고

11 또 다윗이 아비새와 모든 신하들에게
이르되 내 몸에서 난 아들도 내 생명을 해
하려 하거든 하물며 이 베냐민 사람이랴
여호와께서 그에게 명령하신 것이니 그
가 저주하게 버려두라

12 혹시 여호와께서 나의 원통함을 감찰
하시리니 오늘 그 저주 때문에 여호와께

6

7

8

9

10

11

12

서 선으로 내게 갚아 주시리라 하고
13 다윗과 그의 추종자들이 길을 갈 때에
시므이는 산비탈로 따라가면서 저주하고
그를 향하여 돌을 던지며 먼지를 날리더
라
14 왕과 그와 함께 있는 백성들이 다 피
곤하여 한 곳에 이르러 거기서 쉬니라

압살롬의 입성과 후새의 위장 전향

15 압살롬과 모든 이스라엘 백성들이 예
루살렘에 이르고 아히도벨도 그와 함께
이른지라
16 다윗의 친구 아렉 사람 후새가 압살롬
에게 나갈 때에 그에게 말하기를 왕이여
만세, 왕이여 만세 하니
17 압살롬이 후새에게 이르되 이것이 네
가 친구를 후대하는 것이냐 네가 어찌하여
네 친구와 함께 가지 아니하였느냐 하니
18 후새가 압살롬에게 이르되 그렇지 아
니하니이다 내가 여호와와 이 백성 모든
이스라엘의 택한 자에게 속하여 그와 함
께 있을 것이니이다
19 또 내가 이제 누구를 섬기리이까 그의
아들이 아니니이까 내가 전에 왕의 아버지
를 섬긴 것 같이 왕을 섬기리이다 하니라
20 압살롬이 아히도벨에게 이르되 너는
어떻게 행할 계략을 우리에게 가르치라
하니
21 아히도벨이 압살롬에게 이르되 왕의
아버지가 남겨 두어 왕궁을 지키게 한 후
궁들과 더불어 동침하소서 그리하면 왕

13
14
압살롬의 입성과 후새의 위장 전향
15
16
17
18
19
20
21

께서 왕의 아버지가 미워하는 바 됨을 온
이스라엘이 들으리니 왕과 함께 있는 모
든 사람의 힘이 더욱 강하여지리이다 하
니라

22 이에 사람들이 압살롬을 위하여 옥상
에 장막을 치니 압살롬이 온 이스라엘 무
리의 눈앞에서 그 아버지의 후궁들과 더
불어 동침하니라

23 그 때에 아히도벨이 베푸는 계략은 사
람이 하나님께 물어서 받은 말씀과 같은
것이라 아히도벨의 모든 계략은 다윗에
게나 압살롬에게나 그와 같이 여겨졌더
라

압살롬이 아히도벨의 계략을 따르지 않다

17 아히도벨이 또 압살롬에게 이르되
이제 내가 사람 만 이천 명을 택하
게 하소서 오늘 밤에 내가 일어나서 다윗
의 뒤를 추적하여

2 그가 곤하고 힘이 빠졌을 때에 기습하
여 그를 무섭게 하면 그와 함께 있는 모든
백성이 도망하리니 내가 다윗 왕만 쳐죽
이고

3 모든 백성이 당신께 돌아오게 하리니
모든 사람이 돌아오기는 왕이 찾는 이 사
람에게 달렸음이라 그리하면 모든 백성
이 평안하리이다 하니

4 압살롬과 이스라엘 장로들이 다 그 말
을 옳게 여기더라

5 압살롬이 이르되 아렉 사람 후새도 부
르라 우리가 이제 그의 말도 듣자 하니라

22

23

압살롬이 아히도벨의 계략을 따르지 않다

17

2

3

4

5

6 후새가 압살롬에게 이르매 압살롬이
그에게 말하여 이르되 아히도벨이 이러
이러하게 말하니 우리가 그 말대로 행하
랴 그렇지 아니하거든 너는 말하라 하니

7 후새가 압살롬에게 이르되 이번에는
아히도벨이 베푼 계략이 좋지 아니하니
이다 하고

8 또 후새가 말하되 왕도 아시거니와 왕
의 아버지와 그의 추종자들은 용사라 그
들은 들에 있는 곰이 새끼를 빼앗긴 것 같
이 격분하였고 왕의 부친은 전쟁에 익숙
한 사람인즉 백성과 함께 자지 아니하고

9 지금 그가 어느 굴에나 어느 곳에 숨
어 있으리니 혹 무리 중에 몇이 먼저 엎드
러지면 그 소문을 듣는 자가 말하기를 압
살롬을 따르는 자 가운데에서 패함을 당
하였다 할지라

10 비록 그가 사자 같은 마음을 가진 용
사의 아들일지라도 낙심하리니 이는 이
스라엘 무리가 왕의 아버지는 영웅이요
그의 추종자들도 용사인 줄 앎이니이다

11 나는 이렇게 계략을 세웠나이다 온 이
스라엘을 단부터 브엘세바까지 바닷가의
많은 모래 같이 당신께로 모으고 친히 전
장에 나가시고

12 우리가 그 만날 만한 곳에서 그를 기
습하기를 이슬이 땅에 내림 같이 우리가
그의 위에 덮여 그와 그 함께 있는 모든
사람을 하나도 남겨 두지 아니할 것이요

13 또 만일 그가 어느 성에 들었으면 온

6

7

8

9

10

11

12

13

이스라엘이 밧줄을 가져다가 그 성을 강
으로 끌어들여서 그 곳에 작은 돌 하나도
보이지 아니하게 할 것이니이다 하매

14 압살롬과 온 이스라엘 사람들이 이르되
아렉 사람 후새의 계략은 아히도벨의 계
략보다 낫다 하니 이는 여호와께서 압살
롬에게 화를 내리려 하사 아히도벨의 좋
은 계략을 물리치라고 명령하셨음이더라

후새의 계략과 아히도벨의 죽음

15 이에 후새가 사독과 아비아달 두 제사
장에게 이르되 아히도벨이 압살롬과 이
스라엘 장로들에게 이러이러하게 계략을
세웠고 나도 이러이러하게 계략을 세웠
으니

16 이제 너희는 빨리 사람을 보내 다윗에
게 전하기를 오늘밤에 광야 나루터에서
자지 말고 아무쪼록 건너가소서 하라 혹
시 왕과 그를 따르는 모든 백성이 몰사할
까 하노라 하니라

17 그 때에 요나단과 아히마아스가 사람
이 볼까 두려워하여 감히 성에 들어가지
못하고 에느로겔 가에 머물고 어떤 여종
은 그들에게 나와서 말하고 그들은 가서
다윗 왕에게 알리더니

18 한 청년이 그들을 보고 압살롬에게 알
린지라 그 두 사람이 빨리 달려서 바후림
어떤 사람의 집으로 들어가서 그의 뜰에
있는 우물 속으로 내려가니

19 그 집 여인이 덮을 것을 가져다가 우
물 아귀를 덮고 찧은 곡식을 그 위에 널매

14

후새의 계략과 아히도벨의 죽음

15

16

17

18

19

전혀 알지 못하더라

20 압살롬의 종들이 그 집에 와서 여인에
게 묻되 아히마아스와 요나단이 어디 있
느냐 하니 여인이 그들에게 이르되 그들
이 시내를 건너가더라 하니 그들이 찾아
도 만나지 못하고 예루살렘으로 돌아가
니라

21 그들이 간 후에 두 사람이 우물에서
올라와서 다윗 왕에게 가서 다윗 왕에게
말하여 이르되 당신들은 일어나 빨리 물
을 건너가소서 아히도벨이 당신들을 해
하려고 이러이러하게 계략을 세웠나이다

22 다윗이 일어나 모든 백성과 함께 요단
을 건널새 새벽까지 한 사람도 요단을 건
너지 못한 자가 없었더라

23 아히도벨이 자기 계략이 시행되지 못
함을 보고 나귀에 안장을 지우고 일어나
고향으로 돌아가 자기 집에 이르러 집을
정리하고 스스로 목매어 죽으매 그의 조
상의 묘에 장사되니라

24 이에 다윗은 마하나임에 이르고 압살
롬은 모든 이스라엘 사람과 함께 요단을
건너니라

25 압살롬이 아마사로 요압을 대신하여
군지휘관으로 삼으니라 아마사는 이스라
엘 사람 이드라라 하는 자의 아들이라 이
드라가 나하스의 딸 아비갈과 동침하여
그를 낳았으며 아비갈은 요압의 어머니
스루야의 동생이더라

26 이에 이스라엘 무리와 압살롬이 길르

20

21

22

23

24

25

26

앗 땅에 진 치니라
27 다윗이 마하나임에 이르렀을 때에 암
몬 족속에게 속한 랍바 사람 나하스의 아
들 소비와 로데발 사람 암미엘의 아들 마
길과 로글림 길르앗 사람 바르실래가
28 침상과 대야와 질그릇과 밀과 보리와
밀가루와 볶은 곡식과 콩과 팥과 볶은 녹
두와
29 꿀과 버터와 양과 치즈를 가져다가 다
윗과 그와 함께 한 백성에게 먹게 하였으
니 이는 그들 생각에 백성이 들에서 시장
하고 곤하고 목마르겠다 함이더라

압살롬이 패하다

18 이에 다윗이 그와 함께 한 백성을
찾아가서 천부장과 백부장을 그들
위에 세우고
2 다윗이 그의 백성을 내보낼새 삼분의
일은 요압의 휘하에, 삼분의 일은 스루야
의 아들 요압의 동생 아비새의 휘하에 넘
기고 삼분의 일은 가드 사람 잇대의 휘하
에 넘기고 왕이 백성에게 이르되 나도 반
드시 너희와 함께 나가리라 하니
3 백성들이 이르되 왕은 나가지 마소서
우리가 도망할지라도 그들은 우리에게
마음을 쓰지 아니할 터이요 우리가 절반
이나 죽을지라도 우리에게 마음을 쓰지
아니할 터이라 왕은 우리 만 명보다 중하
시오니 왕은 성읍에 계시다가 우리를 도
우심이 좋으니이다 하니라
4 왕이 그들에게 이르되 너희가 좋게 여

27
28
29
압살롬이 패하다
18
2
3
4

기는 대로 내가 행하리라 하고 문 곁에 왕
이 서매 모든 백성이 백 명씩 천 명씩 대
를 지어 나가는지라

5 왕이 요압과 아비새와 잇대에게 명령 5
하여 이르되 나를 위하여 젊은 압살롬을
너그러이 대우하라 하니 왕이 압살롬을
위하여 모든 군지휘관에게 명령할 때에
백성들이 다 들으니라

6 이에 백성이 이스라엘을 치러 들로 나 6
가서 에브라임 수풀에서 싸우더니

7 거기서 이스라엘 백성이 다윗의 부하 7
들에게 패하매 그 날 그 곳에서 전사자가
많아 이만 명에 이르렀고

8 그 땅에서 사면으로 퍼져 싸웠으므로 8
그 날에 수풀에서 죽은 자가 칼에 죽은 자
보다 많았더라

9 압살롬이 다윗의 부하들과 마주치니 9
라 압살롬이 노새를 탔는데 그 노새가 큰
상수리나무 번성한 가지 아래로 지날 때
에 압살롬의 머리가 그 상수리나무에 걸
리매 그가 공중과 그 땅 사이에 달리고 그
가 탔던 노새는 그 아래로 빠져나간지라

10 한 사람이 보고 요압에게 알려 이르되 10
내가 보니 압살롬이 상수리나무에 달렸
더이다 하니

11 요압이 그 알린 사람에게 이르되 네가 11
보고 어찌하여 당장에 쳐서 땅에 떨어뜨
리지 아니하였느냐 내가 네게 은 열 개와
띠 하나를 주었으리라 하는지라

12 그 사람이 요압에게 대답하되 내가 내 12

손에 은 천 개를 받는다 할지라도 나는 왕
의 아들에게 손을 대지 아니하겠나이다
우리가 들었거니와 왕이 당신과 아비새
와 잇대에게 명령하여 이르시기를 삼가
누구든지 젊은 압살롬을 해하지 말라 하
셨나이다

13 아무 일도 왕 앞에는 숨길 수 없나니
내가 만일 거역하여 그의 생명을 해하였
더라면 당신도 나를 대적하였으리이다
하니

14 요압이 이르되 나는 너와 같이 지체할
수 없다 하고 손에 작은 창 셋을 가지고
가서 상수리나무 가운데서 아직 살아 있
는 압살롬의 심장을 찌르니

15 요압의 무기를 든 청년 열 명이 압살
롬을 에워싸고 쳐죽이니라

16 요압이 나팔을 불어 백성들에게 그치
게 하니 그들이 이스라엘을 추격하지 아
니하고 돌아오니라

17 그들이 압살롬을 옮겨다가 수풀 가운
데 큰 구멍에 그를 던지고 그 위에 매우
큰 돌무더기를 쌓으니라 온 이스라엘 무
리가 각기 장막으로 도망하니라

18 압살롬이 살았을 때에 자기를 위하여
한 비석을 마련하여 세웠으니 이는 그가
자기 이름을 전할 아들이 내게 없다고 말
하였음이더라 그러므로 자기 이름을 기
념하여 그 비석에 이름을 붙였으며 그 비
석이 왕의 골짜기에 있고 이제까지 그것
을 압살롬의 기념비라 일컫더라

13

14

15

16

17

18

압살롬의 죽음과 다윗의 울음

19 사독의 아들 아히마아스가 이르되 청
하건대 내가 빨리 왕에게 가서 여호와께
서 왕의 원수 갚아 주신 소식을 전하게 하
소서

20 요압이 그에게 이르되 너는 오늘 소식
을 전하는 자가 되지 말고 다른 날에 전할
것이니라 왕의 아들이 죽었나니 네가 오
늘 소식을 전하지 못하리라 하고

21 요압이 구스 사람에게 이르되 네가 가
서 본 것을 왕께 아뢰라 하매 구스 사람이
요압에게 절하고 달음질하여 가니

22 사독의 아들 아히마아스가 다시 요압
에게 이르되 청하건대 아무쪼록 내가 또
한 구스 사람의 뒤를 따라 달려가게 하소
서 하니 요압이 이르되 내 아들아 너는 왜
달려가려 하느냐 이 소식으로 말미암아
서는 너는 상을 받지 못하리라 하되

23 그가 한사코 달려가겠노라 하는지라
요압이 이르되 그리하라 하니 아히마아
스가 들길로 달음질하여 구스 사람보다
앞질러가니라

24 때에 다윗이 두 문 사이에 앉아 있더
라 파수꾼이 성 문 위층에 올라가서 눈을
들어 보니 어떤 사람이 홀로 달려오는지
라

25 파수꾼이 외쳐 왕께 아뢰매 왕이 이르
되 그가 만일 혼자면 그의 입에 소식이 있
으리라 할 때에 그가 점점 가까이 오니라

26 파수꾼이 본즉 한 사람이 또 달려오는

압살롬의 죽음과 다윗의 울음

19

20

21

22

23

24

25

26

지라 파수꾼이 문지기에게 외쳐 이르되
보라 한 사람이 또 혼자 달려온다 하니 왕
이 이르되 그도 소식을 가져오느니라

27 파수꾼이 이르되 내가 보기에는 앞선
사람의 달음질이 사독의 아들 아히마아
스의 달음질과 같으니이다 하니 왕이 이
르되 그는 좋은 사람이니 좋은 소식을 가
져오느니라 하니라

28 아히마아스가 외쳐 왕께 아뢰되 평강
하옵소서 하고 왕 앞에서 얼굴을 땅에 대
고 절하며 이르되 왕의 하나님 여호와를
찬양하리로소이다 그의 손을 들어 내 주
왕을 대적하는 자들을 넘겨 주셨나이다
하니

29 왕이 이르되 젊은 압살롬은 잘 있느냐
하니라 아히마아스가 대답하되 요압이
왕의 종 나를 보낼 때에 크게 소동하는 것
을 보았사오나 무슨 일인지 알지 못하였
나이다 하니

30 왕이 이르되 물러나 거기 서 있으라
하매 물러나서 서 있더라

31 구스 사람이 이르러 말하되 내 주 왕
께 아뢸 소식이 있나이다 여호와께서 오
늘 왕을 대적하던 모든 원수를 갚으셨나
이다 하니

32 왕이 구스 사람에게 묻되 젊은 압살롬
은 잘 있느냐 구스 사람이 대답하되 내 주
왕의 원수와 일어나서 왕을 대적하는 자
들은 다 그 청년과 같이 되기를 원하나이
다 하니

33 왕의 마음이 심히 아파 문 위층으로
올라가서 우니라 그가 올라갈 때에 말하
기를 내 아들 압살롬아 내 아들 내 아들
압살롬아 차라리 내가 너를 대신하여 죽
었더면, 압살롬 내 아들아 내 아들아 하였
더라

요압이 다윗에게 항의하다

19 어떤 사람이 요압에게 아뢰되 왕이
압살롬을 위하여 울며 슬퍼하시나
이다 하니
2 왕이 그 아들을 위하여 슬퍼한다 함이
그 날에 백성들에게 들리매 그 날의 승리
가 모든 백성에게 슬픔이 된지라
3 그 날에 백성들이 싸움에 쫓겨 부끄러
워 도망함 같이 가만히 성읍으로 들어가
니라
4 왕이 그의 얼굴을 가리고 큰 소리로
부르되 내 아들 압살롬아 압살롬아 내 아
들아 내 아들아 하니
5 요압이 집에 들어가서 왕께 말씀 드리
되 왕께서 오늘 왕의 생명과 왕의 자녀의
생명과 처첩과 비빈들의 생명을 구원한
모든 부하들의 얼굴을 부끄럽게 하시니
6 이는 왕께서 미워하는 자는 사랑하시
며 사랑하는 자는 미워하시고 오늘 지휘
관들과 부하들을 멸시하심을 나타내심이
라 오늘 내가 깨달으니 만일 압살롬이 살
고 오늘 우리가 다 죽었더면 왕이 마땅히
여기실 뻔하였나이다
7 이제 곧 일어나 나가 왕의 부하들의

33
요압이 다윗에게 항의하다
19
2
3
4
5
6
7

마음을 위로하여 말씀하옵소서 내가 여
호와를 두고 맹세하옵나니 왕이 만일 나
가지 아니하시면 오늘 밤에 한 사람도 왕
과 함께 머물지 아니할지라 그리하면 그
화가 왕이 젊었을 때부터 지금까지 당하
신 모든 화보다 더욱 심하리이다 하니

8 왕이 일어나 성문에 앉으매 어떤 사람
이 모든 백성에게 말하되 왕이 문에 앉아
계신다 하니 모든 백성이 왕 앞으로 나아
오니라

다윗의 귀환 준비

이스라엘은 이미 각기 장막으로 도망하
였더라

9 이스라엘 모든 지파 백성들이 변론하
여 이르되 왕이 우리를 원수의 손에서 구
원하여 내셨고 또 우리를 블레셋 사람들
의 손에서 구원하셨으나 이제 압살롬을
피하여 그 땅에서 나가셨고

10 우리가 기름을 부어 우리를 다스리게
한 압살롬은 싸움에서 죽었거늘 이제 너
희가 어찌하여 왕을 도로 모셔 올 일에 잠
잠하고 있느냐 하니라

11 다윗 왕이 사독과 아비아달 두 제사장
에게 소식을 전하여 이르되 너희는 유다
장로들에게 말하여 이르기를 왕의 말씀
이 온 이스라엘이 왕을 왕궁으로 도로 모
셔오자 하는 말이 왕께 들렸거늘 너희는
어찌하여 왕을 궁으로 모시는 일에 나중
이 되느냐

12 너희는 내 형제요 내 골육이거늘 너희

8
다윗의 귀환 준비
9
10
11
12

는 어찌하여 왕을 도로 모셔오는 일에 나
중이 되리요 하셨다 하고

13 너희는 또 아마사에게 이르기를 너는
내 골육이 아니냐 네가 요압을 이어서 항
상 내 앞에서 지휘관이 되지 아니하면 하
나님이 내게 벌 위에 벌을 내리시기를 바
라노라 하셨다 하라 하여

14 모든 유다 사람들의 마음을 하나 같이
기울게 하매 그들이 왕께 전갈을 보내어
이르되 당신께서는 모든 부하들과 더불
어 돌아오소서 한지라

15 왕이 돌아와 요단에 이르매 유다 족속
이 왕을 맞아 요단을 건너가게 하려고 길
갈로 오니라

다윗과 시므이

16 바후림에 있는 베냐민 사람 게라의 아
들 시므이가 급히 유다 사람과 함께 다윗
왕을 맞으러 내려올 때에

17 베냐민 사람 천 명이 그와 함께 하고
사울 집안의 종 시바도 그의 아들 열다섯
과 종 스무 명과 더불어 그와 함께 하여 요
단 강을 밟고 건너 왕 앞으로 나아오니라

18 왕의 가족을 건너가게 하며 왕이 좋게
여기는 대로 쓰게 하려 하여 나룻배로 건
너가니 왕이 요단을 건너가게 할 때에 게
라의 아들 시므이가 왕 앞에 엎드려

19 왕께 아뢰되 내 주여 원하건대 내게
죄를 돌리지 마옵소서 내 주 왕께서 예루
살렘에서 나오시던 날에 종의 패역한 일
을 기억하지 마시오며 왕의 마음에 두지

13

14

15

다윗과 시므이

16

17

18

19

마옵소서

20 왕의 종 내가 범죄한 줄 아옵기에 오
늘 요셉의 온 족속 중 내가 먼저 내려와서
내 주 왕을 영접하나이다 하니

21 스루야의 아들 아비새가 대답하여 이
르되 시므이가 여호와의 기름 부으신 자
를 저주하였으니 그로 말미암아 죽어야
마땅하지 아니하니이까 하니라

22 다윗이 이르되 스루야의 아들들아 내
가 너희와 무슨 상관이 있기에 너희가 오
늘 나의 원수가 되느냐 오늘 어찌하여 이
스라엘 가운데에서 사람을 죽이겠느냐
내가 오늘 이스라엘의 왕이 된 것을 내가
알지 못하리요 하고

23 왕이 시므이에게 이르되 네가 죽지 아
니하리라 하고 그에게 맹세하니라

다윗과 므비보셋

24 사울의 손자 므비보셋이 내려와 왕을
맞으니 그는 왕이 떠난 날부터 평안히 돌
아오는 날까지 그의 발을 맵시 내지 아니
하며 그의 수염을 깎지 아니하며 옷을 빨
지 아니하였더라

25 예루살렘에서 와서 왕을 맞을 때에 왕
이 그에게 물어 이르되 므비보셋이여 네
가 어찌하여 나와 함께 가지 아니하였더
냐 하니

26 대답하되 내 주 왕이여 왕의 종인 나
는 다리를 절므로 내 나귀에 안장을 지워
그 위에 타고 왕과 함께 가려 하였더니 내
종이 나를 속이고

20

21

22

23

다윗과 므비보셋

24

25

26

27 종인 나를 내 주 왕께 모함하였나이다
내 주 왕께서는 하나님의 사자와 같으시
니 왕의 처분대로 하옵소서
28 내 아버지의 온 집이 내 주 왕 앞에서
는 다만 죽을 사람이 되지 아니하였나이
까 그러나 종을 왕의 상에서 음식 먹는 자
가운데에 두셨사오니 내게 아직 무슨 공
의가 있어서 다시 왕께 부르짖을 수 있사
오리이까 하니라
29 왕이 그에게 이르되 네가 어찌하여 또
네 일을 말하느냐 내가 이르노니 너는 시
바와 밭을 나누라 하니
30 므비보셋이 왕께 아뢰되 내 주 왕께서
평안히 왕궁에 돌아오시게 되었으니 그
로 그 전부를 차지하게 하옵소서 하니라

다윗과 바르실래

31 길르앗 사람 바르실래가 왕이 요단을
건너가게 하려고 로글림에서 내려와 함
께 요단에 이르니
32 바르실래는 매우 늙어 나이가 팔십 세
라 그는 큰 부자이므로 왕이 마하나임에
머물 때에 그가 왕을 공궤하였더라
33 왕이 바르실래에게 이르되 너는 나와
함께 건너가자 예루살렘에서 내가 너를
공궤하리라
34 바르실래가 왕께 아뢰되 내 생명의 날
이 얼마나 있사옵겠기에 어찌 왕과 함께
예루살렘으로 올라가리이까
35 내 나이가 이제 팔십 세라 어떻게 좋
고 흉한 것을 분간할 수 있사오며 음식의

27

28

29

30

다윗과 바르실래

31

32

33

34

35

맛을 알 수 있사오리이까 이 종이 어떻게
다시 노래하는 남자나 여인의 소리를 알
아들을 수 있사오리이까 어찌하여 종이
내 주 왕께 아직도 누를 끼치리이까

36 당신의 종은 왕을 모시고 요단을 건너
려는 것뿐이거늘 왕께서 어찌하여 이같
은 상으로 내게 갚으려 하시나이까

37 청하건대 당신의 종을 돌려보내옵소
서 내가 내 고향 부모의 묘 곁에서 죽으려
하나이다 그러나 왕의 종 김함이 여기 있
사오니 청하건대 그가 내 주 왕과 함께 건
너가게 하시옵고 왕의 처분대로 그에게
베푸소서 하니라

38 왕이 대답하되 김함이 나와 함께 건너
가리니 나는 네가 좋아하는 대로 그에게
베풀겠고 또 네가 내게 구하는 것은 다 너
를 위하여 시행하리라 하니라

39 백성이 다 요단을 건너매 왕도 건너가
서 왕이 바르실래에게 입을 맞추고 그에
게 복을 비니 그가 자기 곳으로 돌아가니
라

남북의 분쟁

40 왕이 길갈로 건너오고 김함도 함께 건
너오니 온 유다 백성과 이스라엘 백성의
절반이나 왕과 함께 건너니라

41 온 이스라엘 사람이 왕께 나아와 왕께
아뢰되 우리 형제 유다 사람들이 어찌 왕
을 도둑하여 왕과 왕의 집안과 왕을 따르
는 모든 사람을 인도하여 요단을 건너가
게 하였나이까 하매

36
37
38
39
남북의 분쟁
40
41

42 모든 유다 사람이 이스라엘 사람에게
대답하되 왕은 우리의 종친인 까닭이라
너희가 어찌 이 일에 대하여 분 내느냐 우
리가 왕의 것을 조금이라도 얻어 먹었느
냐 왕께서 우리에게 선물로 주신 것이 있
느냐

43 이스라엘 사람이 유다 사람에게 대답
하여 이르되 우리는 왕에 대하여 열 몫을
가졌으니 다윗에게 대하여 너희보다 더
욱 관계가 있거늘 너희가 어찌 우리를 멸
시하여 우리 왕을 모셔 오는 일에 먼저 우
리와 의논하지 아니하였느냐 하나 유다
사람의 말이 이스라엘 사람의 말보다 더
강경하였더라

세바의 반역

20 마침 거기에 불량배 하나가 있으
니 그의 이름은 세바인데 베냐민
사람 비그리의 아들이었더라 그가 나팔
을 불며 이르되 우리는 다윗과 나눌 분깃
이 없으며 이새의 아들에게서 받을 유산
이 우리에게 없도다 이스라엘아 각각 장
막으로 돌아가라 하매

2 이에 온 이스라엘 사람들이 다윗 따르
기를 그치고 올라가 비그리의 아들 세바
를 따르나 유다 사람들은 그들의 왕과 합
하여 요단에서 예루살렘까지 따르니라

3 다윗이 예루살렘 본궁에 이르러 전에
머물러 왕궁을 지키게 한 후궁 열 명을 잡
아 별실에 가두고 먹을 것만 주고 그들에
게 관계하지 아니하니 그들이 죽는 날까

42

43

세바의 반역

20

2

3

지 갇혀서 생과부로 지내니라

4 왕이 아마사에게 이르되 너는 나를 위
하여 삼 일 내로 유다 사람을 큰 소리로
불러 모으고 너도 여기 있으라 하니라

5 아마사가 유다 사람을 모으러 가더니
왕이 정한 기일에 지체된지라

6 다윗이 이에 아비새에게 이르되 이제
비그리의 아들 세바가 압살롬보다 우리
를 더 해하리니 너는 네 주의 부하들을 데
리고 그의 뒤를 쫓아가라 그가 견고한 성
읍에 들어가 우리들을 피할까 염려하노
라 하매

7 요압을 따르는 자들과 그렛 사람들과
블렛 사람들과 모든 용사들이 다 아비새
를 따라 비그리의 아들 세바를 뒤쫓으려
고 예루살렘에서 나와

8 기브온 큰 바위 곁에 이르매 아마사가
맞으러 오니 그 때에 요압이 군복을 입고
띠를 띠고 칼집에 꽂은 칼을 허리에 맸는
데 그가 나아갈 때에 칼이 빠져 떨어졌더
라

9 요압이 아마사에게 이르되 내 형은 평
안하냐 하며 오른손으로 아마사의 수염
을 잡고 그와 입을 맞추려는 체하매

10 아마사가 요압의 손에 있는 칼은 주의
하지 아니한지라 요압이 칼로 그의 배를
찌르매 그의 창자가 땅에 쏟아지니 그를
다시 치지 아니하여도 죽으니라 요압과
그의 동생 아비새가 비그리의 아들 세바
를 뒤쫓을새

4

5

6

7

8

9

10

11 요압의 청년 중 하나가 아마사 곁에 서
서 이르되 요압을 좋아하는 자가 누구이
며 요압을 따라 다윗을 위하는 자는 누구
냐 하니

12 아마사가 길 가운데 피 속에 놓여 있
는지라 그 청년이 모든 백성이 서 있는 것
을 보고 아마사를 큰길에서부터 밭으로
옮겼으나 거기에 이르는 자도 다 멈추어
서는 것을 보고 옷을 그 위에 덮으니라

13 아마사를 큰길에서 옮겨가매 사람들
이 다 요압을 따라 비그리의 아들 세바를
뒤쫓아가니라

14 세바가 이스라엘 모든 지파 가운데 두
루 다녀서 아벨과 벧마아가와 베림 온 땅
에 이르니 그 무리도 다 모여 그를 따르더
라

15 이에 그들이 벧마아가 아벨로 가서 세
바를 에우고 그 성읍을 향한 지역 언덕 위
에 토성을 쌓고 요압과 함께 한 모든 백성
이 성벽을 쳐서 헐고자 하더니

16 그 성읍에서 지혜로운 여인 한 사람이
외쳐 이르되 들을지어다 들을지어다 청하
건대 너희는 요압에게 이르기를 이리로
가까이 오라 내가 네게 말하려 하노라 한
다 하라

17 요압이 그 여인에게 가까이 가니 여인
이 이르되 당신이 요압이니이까 하니 대
답하되 그러하다 하니라 여인이 그에게
이르되 여종의 말을 들으소서 하니 대답
하되 내가 들으리라 하니라

18 여인이 말하여 이르되 옛 사람들이 흔
히 말하기를 아벨에게 가서 물을 것이라
하고 그 일을 끝내었나이다

19 나는 이스라엘의 화평하고 충성된 자
중 하나이거늘 당신이 이스라엘 가운데
어머니 같은 성을 멸하고자 하시는도다
어찌하여 당신이 여호와의 기업을 삼키고
자 하시나이까 하니

20 요압이 대답하여 이르되 결단코 그렇
지 아니하다 결단코 그렇지 아니하다 삼
키거나 멸하거나 하려 함이 아니니

21 그 일이 그러한 것이 아니니라 에브라
임 산지 사람 비그리의 아들 그의 이름을
세바라 하는 자가 손을 들어 왕 다윗을 대
적하였나니 너희가 그만 내주면 내가 이
성벽에서 떠나가리라 하니라 여인이 요
압에게 이르되 그의 머리를 성벽에서 당
신에게 내어던지리이다 하고

22 이에 여인이 그의 지혜를 가지고 모든
백성에게 나아가매 그들이 비그리의 아
들 세바의 머리를 베어 요압에게 던진지
라 이에 요압이 나팔을 불매 무리가 흩어
져 성읍에서 물러나 각기 장막으로 돌아
가고 요압은 예루살렘으로 돌아와 왕에
게 나아가니라

다윗의 관리들

23 요압은 이스라엘 온 군대의 지휘관이
되고 여호야다의 아들 브나야는 그렛 사
람과 블렛 사람의 지휘관이 되고

24 아도람은 감역관이 되고 아힐룻의 아

18

19

20

21

22

다윗의 관리들

23

24

들 여호사밧은 사관이 되고

25 스와는 서기관이 되고 사독과 아비아
달은 제사장이 되고

26 야일 사람 이라는 다윗의 대신이 되니라

다윗이 기브온 사람의 말을 들어 주다

21 다윗의 시대에 해를 거듭하여 삼 년
기근이 있으므로 다윗이 여호와 앞
에 간구하매 여호와께서 이르시되 이는
사울과 피를 흘린 그의 집으로 말미암음
이니 그가 기브온 사람을 죽였음이니라
하시니라

2 기브온 사람은 이스라엘 족속이 아니
요 그들은 아모리 사람 중에서 남은 자라
이스라엘 족속들이 전에 그들에게 맹세
하였거늘 사울이 이스라엘과 유다 족속
을 위하여 열심이 있으므로 그들을 죽이
고자 하였더라 이에 왕이 기브온 사람을
불러 그들에게 물으니라

3 다윗이 그들에게 묻되 내가 너희를 위
하여 어떻게 하랴 내가 어떻게 속죄하여
야 너희가 여호와의 기업을 위하여 복을
빌겠느냐 하니

4 기브온 사람이 그에게 대답하되 사울
과 그의 집과 우리 사이의 문제는 은금에
있지 아니하오며 이스라엘 가운데에서
사람을 죽이는 문제도 우리에게 있지 아
니하니이다 하니라 왕이 이르되 너희가
말하는 대로 시행하리라

5 그들이 왕께 아뢰되 우리를 학살하였
고 또 우리를 멸하여 이스라엘 영토 내에

25

26

다윗이 기브온 사람의 말을 들어 주다

21

2

3

4

5

머물지 못하게 하려고 모해한 사람의
6 자손 일곱 사람을 우리에게 내주소서
여호와께서 택하신 사울의 고을 기브아
에서 우리가 그들을 여호와 앞에서 목 매
어 달겠나이다 하니 왕이 이르되 내가 내
주리라 하니라

7 그러나 다윗과 사울의 아들 요나단 사
이에 서로 여호와를 두고 맹세한 것이 있
으므로 왕이 사울의 손자 요나단의 아들
므비보셋은 아끼고

8 왕이 이에 아야의 딸 리스바에게서 난
자 곧 사울의 두 아들 알모니와 므비보셋
과 사울의 딸 메랍에게서 난 자 곧 므홀랏
사람 바르실래의 아들 아드리엘의 다섯
아들을 붙잡아

9 그들을 기브온 사람의 손에 넘기니 기
브온 사람이 그들을 산 위에서 여호와 앞
에 목 매어 달매 그들 일곱 사람이 동시에
죽으니 죽은 때는 곡식 베는 첫날 곧 보리
를 베기 시작하는 때더라

10 아야의 딸 리스바가 굵은 베를 가져다
가 자기를 위하여 바위 위에 펴고 곡식 베
기 시작할 때부터 하늘에서 비가 시체에
쏟아지기까지 그 시체에 낮에는 공중의
새가 앉지 못하게 하고 밤에는 들짐승이
범하지 못하게 한지라

11 이에 아야의 딸 사울의 첩 리스바가
행한 일이 다윗에게 알려지매

12 다윗이 가서 사울의 뼈와 그의 아들
요나단의 뼈를 길르앗 야베스 사람에게

6

7

8

9

10

11

12

서 가져가니 이는 전에 블레셋 사람들이
사울을 길보아에서 죽여 블레셋 사람들
이 벧산 거리에 매단 것을 그들이 가만히
가져온 것이라

13 다윗이 그 곳에서 사울의 뼈와 그의
아들 요나단의 뼈를 가지고 올라오매 사
람들이 그 달려 죽은 자들의 뼈를 거두어
다가

14 사울과 그의 아들 요나단의 뼈와 함께
베냐민 땅 셀라에서 그의 아버지 기스의
묘에 장사하되 모두 왕의 명령을 따라 행
하니라 그 후에야 하나님이 그 땅을 위한
기도를 들으시니라

블레셋의 거인들을 죽인 다윗의 용사들
(대상 20:4-8)

15 블레셋 사람이 다시 이스라엘을 치거
늘 다윗이 그의 부하들과 함께 내려가서
블레셋 사람과 싸우더니 다윗이 피곤하
매

16 거인족의 아들 중에 무게가 삼백 세겔
되는 놋 창을 들고 새 칼을 찬 이스비브놉
이 다윗을 죽이려 하므로

17 스루야의 아들 아비새가 다윗을 도와
그 블레셋 사람을 쳐죽이니 그 때에 다윗
의 추종자들이 그에게 맹세하여 이르되
왕은 다시 우리와 함께 전장에 나가지 마
옵소서 이스라엘의 등불이 꺼지지 말게
하옵소서 하니라

18 그 후에 다시 블레셋 사람과 곱에서
전쟁할 때에 후사 사람 십브개는 거인족
의 아들 중의 삽을 쳐죽였고

13

14

블레셋의 거인들을 죽인 다윗의 용사들
(대상 20:4-8)

15

16

17

18

19 또 다시 블레셋 사람과 곱에서 전쟁할
때에 베들레헴 사람 야레오르김의 아들
엘하난은 가드 골리앗의 아우 라흐미를
죽였는데 그 자의 창 자루는 베틀 채 같았
더라

20 또 가드에서 전쟁할 때에 그 곳에 키
가 큰 자 하나는 손가락과 발가락이 각기
여섯 개씩 모두 스물 네 개가 있는데 그도
거인족의 소생이라

21 그가 이스라엘 사람을 능욕하므로 다
윗의 형 삼마의 아들 요나단이 그를 죽이
니라

22 이 네 사람 가드의 거인족의 소생이
다윗의 손과 그의 부하들의 손에 다 넘어
졌더라

다윗의 승전가(시 18)

22 여호와께서 다윗을 모든 원수의 손
과 사울의 손에서 구원하신 그 날
에 다윗이 이 노래의 말씀으로 여호와께
아뢰어

2 이르되 여호와는 나의 반석이시요 나
의 요새시요 나를 위하여 나를 건지시는
자시요

3 내가 피할 나의 반석의 하나님이시요
나의 방패시요 나의 구원의 뿔이시요 나
의 높은 망대시요 그에게 피할 나의 피난
처시요 나의 구원자시라 나를 폭력에서
구원하셨도다

4 내가 찬송 받으실 여호와께 아뢰리니
내 원수들에게서 구원을 받으리로다

19
20
21
22
다윗의 승전가(시 18)
22
2
3
4

5 사망의 물결이 나를 에우고 불의의 창
수가 나를 두렵게 하였으며

6 스올의 줄이 나를 두르고 사망의 올무
가 내게 이르렀도다

7 내가 환난 중에서 여호와께 아뢰며 나
의 하나님께 아뢰었더니 그가 그의 성전
에서 내 소리를 들으심이여 나의 부르짖
음이 그의 귀에 들렸도다

8 이에 땅이 진동하고 떨며 하늘의 기초
가 요동하고 흔들렸으니 그의 진노로 말
미암음이로다

9 그의 코에서 연기가 오르고 입에서 불
이 나와 사름이여 그 불에 숯이 피었도다

10 그가 또 하늘을 드리우고 강림하시니
그의 발 아래는 어두캄캄하였도다

11 그룹을 타고 날으심이여 바람 날개 위
에 나타나셨도다

12 그가 흑암 곧 모인 물과 공중의 빽빽
한 구름으로 둘린 장막을 삼으심이여

13 그 앞에 있는 광채로 말미암아 숯불이
피었도다

14 여호와께서 하늘에서 우렛소리를 내
시며 지존하신 자가 음성을 내심이여

15 화살을 날려 그들을 흩으시며 번개로
무찌르셨도다

16 이럴 때에 여호와의 꾸지람과 콧김으
로 말미암아 물 밑이 드러나고 세상의 기
초가 나타났도다

17 그가 위에서 손을 내미사 나를 붙드심
이여 많은 물에서 나를 건져내셨도다

5

6

7

8

9

10

11

12

13

14

15

16

17

18 나를 강한 원수와 미워하는 자에게서
건지셨음이여 그들은 나보다 강했기 때
문이로다

19 그들이 나의 재앙의 날에 내게 이르렀
으나 여호와께서 나의 의지가 되셨도다

20 나를 또 넓은 곳으로 인도하시고 나를
기뻐하시므로 구원하셨도다

21 여호와께서 내 공의를 따라 상 주시며
내 손의 깨끗함을 따라 갚으셨으니

22 이는 내가 여호와의 도를 지키고 악을
행함으로 내 하나님을 떠나지 아니하였
으며

23 그의 모든 법도를 내 앞에 두고 그의
규례를 버리지 아니하였음이로다

24 내가 또 그의 앞에 완전하여 스스로
지켜 죄악을 피하였나니

25 그러므로 여호와께서 내 의대로, 그의
눈앞에서 내 깨끗한 대로 내게 갚으셨도
다

26 자비한 자에게는 주의 자비하심을 나
타내시며 완전한 자에게는 주의 완전하
심을 보이시며

27 깨끗한 자에게는 주의 깨끗하심을 보
이시며 사악한 자에게는 주의 거스르심
을 보이시리이다

28 주께서 곤고한 백성은 구원하시고 교
만한 자를 살피사 낮추시리이다

29 여호와여 주는 나의 등불이시니 여호
와께서 나의 어둠을 밝히시리이다

30 내가 주를 의뢰하고 적진으로 달리며

18

19

20

21

22

23

24

25

26

27

28

29

30

내 하나님을 의지하고 성벽을 뛰어넘나
이다
31 하나님의 도는 완전하고 여호와의 말
씀은 진실하니 그는 자기에게 피하는 모
든 자에게 방패시로다
32 여호와 외에 누가 하나님이며 우리 하
나님 외에 누가 반석이냐
33 하나님은 나의 견고한 요새시며 나를
안전한 곳으로 인도하시며
34 나의 발로 암사슴 발 같게 하시며 나
를 나의 높은 곳에 세우시며
35 내 손을 가르쳐 싸우게 하시니 내 팔
이 놋 활을 당기도다
36 주께서 또 주의 구원의 방패를 내게
주시며 주의 온유함이 나를 크게 하셨나
이다
37 내 걸음을 넓게 하셨고 내 발이 미끄
러지지 아니하게 하셨나이다
38 내가 내 원수를 뒤쫓아 멸하였사오며
그들을 무찌르기 전에는 돌이키지 아니
하였나이다
39 내가 그들을 무찔러 전멸시켰더니 그
들이 내 발 아래에 엎드러지고 능히 일어
나지 못하였나이다
40 이는 주께서 내게 전쟁하게 하려고 능
력으로 내게 띠 띠우사 일어나 나를 치는
자를 내게 굴복하게 하셨사오며
41 주께서 또 내 원수들이 등을 내게로
향하게 하시고 내게 나를 미워하는 자를
끊어 버리게 하셨음이니이다

31

32

33

34

35

36

37

38

39

40

41

42 그들이 도움을 구해도 구원할 자가 없
었고 여호와께 부르짖어도 대답하지 아
니하셨나이다

43 내가 그들을 땅의 티끌 같이 부스러뜨
리고 거리의 진흙 같이 밟아 헤쳤나이다

44 주께서 또 나를 내 백성의 다툼에서
건지시고 나를 보전하사 모든 민족의 으
뜸으로 삼으셨으니 내가 알지 못하는 백
성이 나를 섬기리이다

45 이방인들이 내게 굴복함이여 그들이
내 소문을 귀로 듣고 곧 내게 순복하리로
다

46 이방인들이 쇠약하여 그들의 견고한
곳에서 떨며 나오리로다

47 여호와의 사심을 두고 나의 반석을 찬
송하며 내 구원의 반석이신 하나님을 높
일지로다

48 이 하나님이 나를 위하여 보복하시고
민족들이 내게 복종하게 하시며

49 나를 원수들에게서 이끌어 내시며 나
를 대적하는 자 위에 나를 높이시고 나를
강포한 자에게서 건지시는도다

50 이러므로 여호와여 내가 모든 민족 중
에서 주께 감사하며 주의 이름을 찬양하
리이다

51 여호와께서 그의 왕에게 큰 구원을 주
시며 기름 부음 받은 자에게 인자를 베푸
심이여 영원하도록 다윗과 그 후손에게
로다 하였더라

다윗의 마지막 말

42

43

44

45

46

47

48

49

50

51

다윗의 마지막 말

23 이는 다윗의 마지막 말이라 이새의
아들 다윗이 말함이여 높이 세워진
자, 야곱의 하나님께로부터 기름 부음 받
은 자, 이스라엘의 노래 잘 하는 자가 말
하노라

2 여호와의 영이 나를 통하여 말씀하심
이여 그의 말씀이 내 혀에 있도다

3 이스라엘의 하나님이 말씀하시며 이
스라엘의 반석이 내게 이르시기를 사람
을 공의로 다스리는 자, 하나님을 경외함
으로 다스리는 자여

4 그는 돋는 해의 아침 빛 같고 구름 없
는 아침 같고 비 내린 후의 광선으로 땅에
서 움이 돋는 새 풀 같으니라 하시도다

5 내 집이 하나님 앞에 이같지 아니하냐
하나님이 나와 더불어 영원한 언약을 세
우사 만사에 구비하고 견고하게 하셨으
니 나의 모든 구원과 나의 모든 소원을 어
찌 이루지 아니하시랴

6 그러나 사악한 자는 다 내버려질 가시
나무 같으니 이는 손으로 잡을 수 없음이
로다

7 그것들을 만지는 자는 철과 창자루를
가져야 하리니 그것들이 당장에 불살리
리로다 하니라

다윗의 용사들(대상 11:10-47)

8 다윗의 용사들의 이름은 이러하니라
다그몬 사람 요셉밧세벳이라고도 하고
에센 사람 아디노라고도 하는 자는 군지
휘관의 두목이라 그가 단번에 팔백 명을

23

2

3

4

5

6

7

다윗의 용사들(대상 11:10-47)

8

처죽였더라
9 그 다음은 아호아 사람 도대의 아들
엘르아살이니 다윗과 함께 한 세 용사 중
의 한 사람이라 블레셋 사람들이 싸우려
고 거기에 모이매 이스라엘 사람들이 물
러간지라 세 용사가 싸움을 돋우고
10 그가 나가서 손이 피곤하여 그의 손이
칼에 붙기까지 블레셋 사람을 치니라 그 날
에 여호와께서 크게 이기게 하셨으므로 백
성들은 돌아와 그의 뒤를 따라가며 노략할
뿐이었더라
11 그 다음은 하랄 사람 아게의 아들 삼
마라 블레셋 사람들이 사기가 올라 거기
녹두나무가 가득한 한쪽 밭에 모이매 백
성들은 블레셋 사람들 앞에서 도망하되
12 그는 그 밭 가운데 서서 막아 블레셋
사람들을 친지라 여호와께서 큰 구원을
이루시니라
13 또 삼십 두목 중 세 사람이 곡식 벨 때
에 아둘람 굴에 내려가 다윗에게 나아갔
는데 때에 블레셋 사람의 한 무리가 르바
임 골짜기에 진 쳤더라
14 그 때에 다윗은 산성에 있고 그 때에
블레셋 사람의 요새는 베들레헴에 있는
지라
15 다윗이 소원하여 이르되 베들레헴 성
문 곁 우물 물을 누가 내게 마시게 할까
하매
16 세 용사가 블레셋 사람의 진영을 돌파
하고 지나가서 베들레헴 성문 곁 우물 물

9
10
11
12
13
14
15
16

을 길어 가지고 다윗에게로 왔으나 다윗
이 마시기를 기뻐하지 아니하고 그 물을
여호와께 부어 드리며

17 이르되 여호와여 내가 나를 위하여 결
단코 이런 일을 하지 아니하리이다 이는
목숨을 걸고 갔던 사람들의 피가 아니니
이까 하고 마시기를 즐겨하지 아니하니
라 세 용사가 이런 일을 행하였더라

18 또 스루야의 아들 요압의 아우 아비새
이니 그는 그 세 사람의 우두머리라 그가
그의 창을 들어 삼백 명을 죽이고 세 사람
중에 이름을 얻었으니

19 그는 세 사람 중에 가장 존귀한 자가
아니냐 그가 그들의 우두머리가 되었으
나 그러나 첫 세 사람에게는 미치지 못하
였더라

20 또 갑스엘 용사의 손자 여호야다의 아
들 브나야이니 그는 용맹스런 일을 행한
자라 일찍이 모압 아리엘의 아들 둘을 죽
였고 또 눈이 올 때에 구덩이에 내려가서
사자 한 마리를 쳐죽였으며

21 또 장대한 애굽 사람을 죽였는데 그의
손에 창이 있어도 그가 막대기를 가지고
내려가 그 애굽 사람의 손에서 창을 빼앗
아 그 창으로 그를 죽였더라

22 여호야다의 아들 브나야가 이런 일을
행하였으므로 세 용사 중에 이름을 얻고

23 삼십 명보다 존귀하나 그러나 세 사람
에게는 미치지 못하였더라 다윗이 그를
세워 시위대 대장을 삼았더라

17

18

19

20

21

22

23

24 요압의 아우 아사헬은 삼십 명 중의 하나요 또 베들레헴 도도의 아들 엘하난과	24
25 하롯 사람 삼훗과 하롯 사람 엘리가와	25
26 발디 사람 헬레스와 드고아 사람 익게스의 아들 이라와	26
27 아나돗 사람 아비에셀과 후사 사람 므분내와	27
28 아호아 사람 살몬과 느도바 사람 마하래와	28
29 느도바 사람 바아나의 아들 헬렙과 베냐민 자손에 속한 기브아 사람 리배의 아들 잇대와	29
30 비라돈 사람 브나야와 가아스 시냇가에 사는 힛대와	30
31 아르바 사람 아비알본과 바르훔 사람 아스마웻과	31
32 사알본 사람 엘리아바와 야센의 아들 요나단과	32
33 하랄 사람 삼마와 아랄 사람 사랄의 아들 아히암과	33
34 마아가 사람의 손자 아하스배의 아들 엘리벨렛과 길로 사람 아히도벨의 아들 엘리암과	34
35 갈멜 사람 헤스래와 아랍 사람 바아래와	35
36 소바 사람 나단의 아들 이갈과 갓 사람 바니와	36
37 암몬 사람 셀렉과 스루야의 아들 요압의 무기를 잡은 자 브에롯 사람 나하래와	37

38 이델 사람 이라와 이델 사람 가렙과
39 헷 사람 우리아라 이상 총수가 삼십칠
명이었더라

인구 조사(대상 21:1-27)

24 여호와께서 다시 이스라엘을 향하
여 진노하사 그들을 치시려고 다윗
을 격동시키사 가서 이스라엘과 유다의
인구를 조사하라 하신지라
2 이에 왕이 그 곁에 있는 군사령관 요
압에게 이르되 너는 이스라엘 모든 지파
가운데로 다니며 이제 단에서부터 브엘
세바까지 인구를 조사하여 백성의 수를
내게 보고하라 하니
3 요압이 왕께 아뢰되 이 백성이 얼마든
지 왕의 하나님 여호와께서 백 배나 더하
게 하사 내 주 왕의 눈으로 보게 하시기를
원하나이다 그런데 내 주 왕은 어찌하여
이런 일을 기뻐하시나이까 하되
4 왕의 명령이 요압과 군대 사령관들을
재촉한지라 요압과 사령관들이 이스라엘
인구를 조사하려고 왕 앞에서 물러나
5 요단을 건너 갓 골짜기 가운데 성읍
아로엘 오른쪽 곧 야셀 맞은쪽에 이르러
장막을 치고
6 길르앗에 이르고 닷딤홋시 땅에 이르
고 또 다냐안에 이르러서는 시돈으로 돌
아
7 두로 견고한 성에 이르고 히위 사람과
가나안 사람의 모든 성읍에 이르고 유다
남쪽으로 나와 브엘세바에 이르니라

38
39
인구 조사(대상 21:1-27)
24
2
3
4
5
6
7

8 그들 무리가 국내를 두루 돌아 아홉
달 스무 날 만에 예루살렘에 이르러

9 요압이 백성의 수를 왕께 보고하니 곧
이스라엘에서 칼을 빼는 담대한 자가 팔
십만 명이요 유다 사람이 오십만 명이었
더라

10 다윗이 백성을 조사한 후에 그의 마음
에 자책하고 다윗이 여호와께 아뢰되 내
가 이 일을 행함으로 큰 죄를 범하였나이
다 여호와여 이제 간구하옵나니 종의 죄
를 사하여 주옵소서 내가 심히 미련하게
행하였나이다 하니라

11 다윗이 아침에 일어날 때에 여호와의
말씀이 다윗의 선견자 된 선지자 갓에게
임하여 이르시되

12 가서 다윗에게 말하기를 여호와께서
이와 같이 말씀하시기를 내가 네게 세 가
지를 보이노니 너를 위하여 너는 그 중에
서 하나를 택하라 내가 그것을 네게 행하
리라 하셨다 하라 하시니

13 갓이 다윗에게 이르러 아뢰어 이르되
왕의 땅에 칠 년 기근이 있을 것이니이까
혹은 왕이 왕의 원수에게 쫓겨 석 달 동안
그들 앞에서 도망하실 것이니이까 혹은
왕의 땅에 사흘 동안 전염병이 있을 것이
니이까 왕은 생각하여 보고 나를 보내신
이에게 무엇을 대답하게 하소서 하는지
라

14 다윗이 갓에게 이르되 내가 고통 중에
있도다 청하건대 여호와께서는 긍휼이

8

9

10

11

12

13

14

크시니 우리가 여호와의 손에 빠지고 내
가 사람의 손에 빠지지 아니하기를 원하
노라 하는지라

15 이에 여호와께서 그 아침부터 정하신
때까지 전염병을 이스라엘에게 내리시니
단에서부터 브엘세바까지 백성의 죽은
자가 칠만 명이라 15

16 천사가 예루살렘을 향하여 그의 손을
들어 멸하려 하더니 여호와께서 이 재앙
내리심을 뉘우치사 백성을 멸하는 천사
에게 이르시되 족하다 이제는 네 손을 거
두라 하시니 여호와의 사자가 여부스 사
람 아라우나의 타작 마당 곁에 있는지라 16

17 다윗이 백성을 치는 천사를 보고 곧
여호와께 아뢰어 이르되 나는 범죄하였
고 악을 행하였거니와 이 양 무리는 무엇
을 행하였나이까 청하건대 주의 손으로
나와 내 아버지의 집을 치소서 하니라 17

18 이 날에 갓이 다윗에게 이르러 그에게
아뢰되 올라가서 여부스 사람 아라우나
의 타작 마당에서 여호와를 위하여 제단
을 쌓으소서 하매 18

19 다윗이 여호와께서 명령하신 바 갓의
말대로 올라가니라 19

20 아라우나가 바라보다가 왕과 그의 부
하들이 자기를 향하여 건너옴을 보고 나
가서 왕 앞에서 얼굴을 땅에 대고 절하며 20

21 이르되 어찌하여 내 주 왕께서 종에게
임하시나이까 하니 다윗이 이르되 네게
서 타작 마당을 사서 여호와께 제단을 쌓 21

아 백성에게 내리는 재앙을 그치게 하려
함이라 하는지라

22 아라우나가 다윗에게 아뢰되 원하건
대 내 주 왕은 좋게 여기시는 대로 취하여
드리소서 번제에 대하여는 소가 있고 땔
나무에 대하여는 마당질 하는 도구와 소
의 멍에가 있나이다

23 왕이여 아라우나가 이것을 다 왕께 드
리나이다 하고 또 왕께 아뢰되 왕의 하나
님 여호와께서 왕을 기쁘게 받으시기를
원하나이다

24 왕이 아라우나에게 이르되 그렇지 아
니하다 내가 값을 주고 네게서 사리라 값
없이는 내 하나님 여호와께 번제를 드리
지 아니하리라 하고 다윗이 은 오십 세겔
로 타작 마당과 소를 사고

25 그 곳에서 여호와를 위하여 제단을 쌓
고 번제와 화목제를 드렸더니 이에 여호
와께서 그 땅을 위한 기도를 들으시매 이
스라엘에게 내리는 재앙이 그쳤더라

22

23

24

25

NOTE

NOTE

남기고 싶은 글

주기도문 새번역

하늘에 계신 우리 아버지,
아버지의 이름을 거룩하게 하시며
아버지의 나라가 오게 하시며,
아버지의 뜻이 하늘에서와 같이 땅에서도 이루어지게 하소서.
오늘 우리에게 일용할 양식을 주시고,
우리가 우리에게 잘못한 사람을 용서하여 준 것같이
우리 죄를 용서하여 주시고,
우리를 시험에 빠지지 않게 하시고, 악에서 구하소서.
나라와 권능과 영광이 영원히 아버지의 것입니다.
아멘.

새번역 사도신경

나는 전능하신 아버지 하나님, 천지의 창조주를 믿습니다.
나는 그의 유일하신 아들, 우리 주 예수 그리스도를 믿습니다.
그는 성령으로 잉태되어 동정녀 마리아에게서 나시고,
본디오 빌라도에게 고난을 받아 십자가에 못 박혀 죽으시고,
장사된 지 사흘 만에 죽은 자 가운데서 다시 살아나셨으며,
하늘에 오르시어 전능하신 아버지 하나님 우편에 앉아 계시다가,
거기로부터 살아 있는 자와 죽은 자를 심판하러 오십니다.
나는 성령을 믿으며, 거룩한 공교회와 성도의 교제와
죄를 용서받는 것과 몸의 부활과 영생을 믿습니다.
아멘.

십계명

제일은, 너는 나 외에는 다른 신들을 네게 두지 말라.

제이는, 너를 위하여 새긴 우상을 만들지 말고,
또 위로 하늘에 있는 것이나, 아래로 땅에 있는 것이나,
땅 아래 물 속에 있는 것의 어떤 형상도 만들지 말며,
그것들에게 절하지 말며, 그것들을 섬기지 말라.

제삼은, 너는 네 하나님 여호와의 이름을 망령되게 부르지 말라.

제사는, 안식일을 기억하여 거룩하게 지키라.

제오는, 네 부모를 공경하라.

제육은, 살인하지 말라.

제칠은, 간음하지 말라.

제팔은, 도둑질하지 말라.

제구는, 네 이웃에 대하여 거짓 증거하지 말라.

제십은, 네 이웃의 집을 탐내지 말라.

손글씨성경 [구약7_사무엘상,하]

2022년 6월 1일 초판 1쇄 발행

펴 낸 이 김수곤
디 자 인 디자인이츠
발 행 처 MISSION TORCH
등 록 일 1999년 9월 21일 제 54호
등록주소 서울 송파구 백제고분로 27길 12(삼전동)
전　　화 (02)2203-2739
팩　　스 (02)2203-2738
이 메 일 ccm2you@gmail.com
홈페이지 www.ccm2u.com